クローズアップ日本事情15
JAPAN UP CLOSE
15 Lessons on Society and Culture in Japanese

日本語で学ぶ社会と文化

英訳付き
With English translations

中・上級向け
Intermediate & Advanced

佐々木瑞枝
Mizue Sasaki

the japan times PUBLISHING

著者	佐々木瑞枝（ささき みずえ）
	武蔵野大学名誉教授・金沢工業大学客員教授。朝日イブニングニュース・コラムニスト、山口大学教授、横浜国立大学教授、武蔵野大学・大学院教授を経て現職。『会話のにほんご』『日本語パワーアップ問題集』（ジャパンタイムズ出版）、『日本語ってどんな言葉？』（筑摩書房）、『外国語としての日本語』（講談社現代新書）、『日本語を「外」から見る』（小学館）、『日本語ジェンダー辞典』（東京堂出版）、『日本事情』（北星堂書店）、『日本語表現ハンドブックシリーズ』（アルク）、『日本語巡り合い1』（監修／ひつじ書房）、『同じ？ちがう？使い方を考えよう！和語 漢語 外来語 1 生活編／2 社会編／3 表現編』（汐文社）ほか、著書多数。また、「大仏様は『にっこり』しています」「春の郊外電車」「雪やこんこ、あられやこんこ」（中学校国語教科書・光村図書）、「『くれる』と『もらう』」（高等学校国語教科書「新国語Ⅰ」三省堂）など、文部科学省検定教科書にも多数書き下ろしている。

クローズアップ日本事情15 — 日本語で学ぶ社会と文化
Japan Up Close — 15 Lessons on Society and Culture in Japanese

2017年 4月 5日 初版発行
2025年 2月20日 第9刷発行

著　者：佐々木瑞枝
発行者：伊藤秀樹
発行所：株式会社 ジャパンタイムズ出版
　　　　〒102-0082 東京都千代田区一番町2-2
　　　　　　　　　一番町第二TGビル 2F
ISBN978-4-7890-1653-7

Copyright © 2017 by Mizue Sasaki

All rights reserved. No part of this publication may be reproduced, stored in a retrieval system, or transmitted in any form or by any means, electronic, mechanical, photocopying, recording, or otherwise, without the prior written permission of the publisher.

First edition: April 2017
9th printing: February 2025

Translations: Umes Corp.
Illustrations: Yaeko Ikeda
Photos: PIXTA / The Japan Times
Layout design and typesetting: DEP, Inc.
Cover design: Keiji Terai
Printing: Nikkei Printing Inc.

Published by The Japan Times Publishing, Ltd.
2F Ichibancho Daini TG Bldg., 2-2 Ichibancho, Chiyoda-ku, Tokyo 102-0082, Japan
Website: https://jtpublishing.co.jp/

ISBN978-4-7890-1653-7

Printed in Japan

はじめに

・・・

　「日本事情」とは何か、これについてはさまざまな議論がありますが、外国人学習者たちからは「楽しい日本事情」のテキストを求める声が聞かれます。

　そこでこのテキストでは、「日本事情」で取り上げられることの多い歴史や経済、伝統文化といったテーマに加え、最近の学習者の興味を引くような話題も盛り込み、楽しく学べる工夫をあちこちに施しました。単に日本の社会や文化などの「日本事情」について学んで日本語能力を習得するだけではなく、それぞれの事柄を多角的にとらえ、自国と比較したりしながら身近な話題として疑似体験し、どのようなテーマも「興味をもって学べるように」作成しています。

　日本事情を最も効果的に学べるのは、テキストの内容を読み取る「受信型」の学習にとどまらず、読み取った内容を主体的に理解し、自らの意見や見解を「発信」するときです。しかし、書かれた情報を正しく受信し、自分の考えを正しく発信するためには、読解能力だけではなく、文章や段落の中での社会的・文化的背景など、言語外の要素を理解する能力、つまり社会言語学的な能力や社会文化的な能力も必要です。

　そのため本書には、調査・研究、友達との意見交換やグループディスカッション、クラスでの発表など、自ら積極的にコミュニケーションに参加していける「発信型」のタスクを数多く掲載しました。学習者はそれらのタスクを通して、そのテーマに関する社会的・文化的背景にも自然に触れることができるようになっています。

　また、専門的な語彙力を獲得したり、各国の文化と比較する思考力を深めたりすることも可能です。どのような分野の話題にも関心を持って取り組むことで、多様な文化の存在を比較する多文化学習につなげることができるでしょう。

　日本の社会や文化についての基本的な知識を学び、さらに、タスクで実際に調べたり討論したりする活動にまで発展させること、その過程で、日本社会を学ぶと同時に総合的な日本語能力を育成していくことが、このテキストの最終的な目的です。

　本書が「日本事情」にとどまらず、多文化理解を進めるためのアクティブ・ラーニングのテキストとしても、生き生きとした授業が展開できることを願っています。

2017年1月　佐々木瑞枝

もくじ CONTENTS

はしがき 3
この本をお使いになる先生へ 6

Unit 1 日本ってどんな国？ 13
What kind of country is Japan?

Unit 2 都市の暮らし・地方の暮らし 21
City life, country life

Unit 3 日本の旅を楽しもう 29
Getting around Japan

Unit 4 いただきます！ 41
Let's eat!

Unit 5 季節を楽しむ年中行事 53
Events for enjoying the seasons

Unit 6 知っておきたい日本の歴史 65
Highlights of Japanese history you should know

Unit 7 伝統文化体験 77
Experiencing traditional culture

Unit 8 現代文化とポップカルチャー 89
Modern culture and pop culture

Unit 9	スポーツの楽しみ方 Enjoying sports		97
Unit 10	前進を続ける科学技術 ぜんしん つづ かがくぎじゅつ The march of science and technology		105
Unit 11	地球のためにできること ちきゅう Things we can do to save the earth		113
Unit 12	教育と子供たち きょういく こども Education and children		121
Unit 13	産業構造と経済 さんぎょうこうぞう けいざい Industrial structure and economy		129
Unit 14	政治と憲法 せいじ けんぽう Government and the constitution		137
Unit 15	多文化共生社会を目指して たぶんかきょうせい めざ Aiming for a multicultural society		145
巻末付録 かんまつふろく	内容確認問題 ないようかくにん	語彙リスト　英訳 ごい　　　　えいやく	153

この本をお使いになる先生へ

1．本書の構成と特徴

　本書は全部で15のユニットで構成されています。日本についての基本的な知識や身近な情報を扱ったユニットから始まり、次第に抽象的・専門的な内容へと進むように並んでいますが、それぞれのユニットは独立しているので、学習者のレベルや興味、コースの長さなどに合わせて、入れ替えたり取捨選択したりして使うこともできます。

　ただ、各ユニットが独立しているとは言っても、社会や文化に関することは、どのようなテーマでもお互いに何らかのつながりがあるものです。そのため、全ユニットを学習することでそれぞれの関係性が理解できると、日本の姿がより立体的に浮かび上がってくるのではないでしょうか。

　日本事情を学ぶにあたって、本書には次のような特徴があります。

①従来のテーマを新しい角度から学ぶ

　本書では、従来の「日本事情」でよく取り上げられた「日本人の生活」「年中行事」「環境問題」といったテーマも扱っています。ただし、単なる情報紹介ではなく、「都市の暮らし・地方の暮らし」「季節を楽しむ年中行事」「地球のためにできること」といったタイトルで、学習者の興味がわくような視点からトピックを展開しています。

②学習者が体験できるようなテーマを学ぶ

　「いただきます！」「日本の旅を楽しもう」「現代文化とポップカルチャー」など、食文化や交通システム、新しい話題などを扱うユニットでは、学習者が実際に体験しながら学べるようなタスクを取り入れています。その他のユニットでも、見学が可能な関連施設を紹介するなど、クラス活動に広がりが出るような情報を掲載しています。

③豊富なタスクでアクティブに学ぶ

　各ユニットのタスクは、自分で調べ、友達と話し合い、クラスでのプレゼンテーションにつなげるなど、学習者がアクティブに授業に関われるような工夫がされています。ペアワークやグループディスカッションのタスクは、学習者に合わせて人数や方法を変えて行うこともできます。

④**多角的に比較しながら学ぶ**

　自国と日本、都市と地方、昔と今など、多様な方向から比較するタスクを通して、日本を多角的に知ることができます。留学生と日本人学生が共に学ぶクラスなどでは、日本人にも新しい気づきが生まれる授業になることと思われます。

⑤**学習者の背景に合わせて学ぶ**

　各ユニットの会話文は日本に留学中の学生たちを主人公に展開していますが、本書の内容は普遍的なテーマですので、海外や社会人のクラスでも使っていただけます。会話文も、学習者に合わせて応用しながらロールプレイをしたりすれば、生きた会話を習得できるでしょう。

２．対象レベルと学習目標

　本書は、中級、日本語能力試験のＮ３以上のレベルを想定しており、Ｎ３以上（旧試験２級以上）の漢字を含む語彙にルビを付けています。このレベルの一般的な日本語の教科書には出てこないような専門的な語彙などは、学習者がこのルビを頼りに調べたり、教師が説明したりすることで、理解語彙、さらに使用語彙として獲得していくことができます。

　そのため、レベルに合わせた語彙の制限は行わず、ユニットのテーマについて語るときやレポートを書くときに必要とされる語彙力の養成を図っています。特に、本書後半の政治や経済を扱うユニットで出てくるような用語は、大学や大学院を目指す学習者、そして日本の企業で働きたい学習者には必須の語彙だからです。

　それぞれのテーマが語られるときに必ず出てくる語彙や表現をそのまま理解することで、学習者が異文化に対する理解を深め、多文化共生社会の中で有意義に生きようという本書のメッセージをアクティブに受信してくれることを期待しています。

3．各ユニットの構成

それぞれのユニットは、「扉」「Section 1」「Section 2」「扉の関連情報」の４つの内容で構成されています。

● 扉

扉には、そのユニットのテーマを象徴するような写真を載せています。例えば「ユニット１：日本ってどんな国？」は杉林、「ユニット２：都市の暮らし・地方の暮らし」は囲炉裏の写真です。これらの「視覚情報」を導入として、学習者は自分が体験したことのない事柄でも、どんな内容を学ぶユニットなのかを想像しながら関心を持ってくれると思います。先生は「知っていますか」の質問の答えを引き出しながら、学習者の興味を高めてください。

● Section 1 と Section 2

Section 1 は読解教材として、書き言葉の「である体」で書かれています。そのユニットにしか登場しない多彩な語彙があり、学習者は理解語彙の数をどんどん増やしていくと思います。

一方、Section 2 は会話であり、話し言葉で書かれています。ここでの文体は、その人の状況などによって使い分けられていて、学習者は、登場人物たちがその時その時の「役割」によって言葉を使い分けていることを学べます。

学習者の日本語レベルや授業の目的にもよりますが、Section 1 では、まず教師が文章を読み、語彙の確認などをしながら進めていくといいでしょう。そうすれば、たとえば「天気予報」にしか使われない専門用語なども、予備知識なしでも理解しやすいと思います。

次のSection 2 では、会話の中のどの人物になりたいかを選ばせ、学習者に読ませるのも一つの方法です。内容が理解できたら、学習者にできるだけ自然に読ませて、教師はアクセントやイントネーションの指導をすれば、会話の練習になります。

そしてSection 1・2ともに、文を読んだ後には必ず「タスク」をするように設定されています。その際に参考とするグラフや写真などを通して、学習者はアクティブにタスクに関わり、少しずつ、日本語で書かれた資料の使い方も学習できるように意図されています。

タスクは、自分で何かを調べる、その内容をペアやグループで比べたり話し合ったりする、クラ

スで発表するなど、さまざまなパターンがあります。学習者同士が触発し合いながら自分たちで答えを見出し、自由なイマジネーションを展開しながらお互いの理解を深めていく、そんな展開ができれば最高です。個人で問題を解くのではなく、協働で考える中で見えてくる思考力を日本語で表現する、これこそが、生きた日本語につながるからです。

これらは、最初から最後まで授業で指導する必要はなく、学習者のレベルやコースの時間数に合わせて取捨選択したり、難易度を変えたりと、先生が工夫しながらお使いください。また、統計資料などはできる限り新しいものを掲載していますが、必要に応じて最新の資料を使うとよいでしょう。

● 扉の関連情報

各ユニットの最後のページには、「扉」に出てきた写真の「知っていますか」の答えにあたる情報を載せています。たとえばユニット1では、杉林の関連情報として、戦後の復興期に建築資材の需要が高まり、成長の早い杉が植えられたこと、そこから「花粉症」「マスク」などにつながっていきます。また、そのユニットの中に出てきた内容に関する写真なども掲載しています。

日本語レベルが比較的高い学習者の場合は、予習として先にこの最終ページを見てくるように伝え、授業で「扉」の写真を見て「知っていますか」について学習者の答えを聞くところからスタートすることもできます。

4．巻末付録

巻末には、本文の理解を助ける「内容確認問題」「語彙リスト」「英訳」をまとめています。

内容確認問題

本文の内容が理解できたかを確認するため、各ユニットに1ページずつの確認問題を用意しました。学習者が達成感を得られるよう、問題は本文を読めばわかるものばかりです。すべて本文に書かれていることなので、解答は特に用意していません。

📖 語彙リスト

予習や復習に使えるよう、各ユニットのN3以上の語彙を載せています。必要に応じて、母語訳やアクセントなどを書き込んで使ってください。複数のユニットに何度も出てくる語彙が多いため、前のユニットまでに既出の語彙は省略しています。

英訳

Section 1の本文を英訳しています。予習として英訳を読んでおくことで、難しい漢字や知らない語彙が多いユニットも、日本語で本文を理解する助けになります。

また英語圏なら、英訳を見ながら日本語でそのユニットのテーマに関する1分間スピーチをするタスクや、教師が英語で単語を言って学習者がその日本語を答えるクイズなど、いろいろな活用も可能でしょう。先生の発想とアイディアで英訳を役立ててください。

• • •

このテキストが「自分たちの目線で考える」ことができる、そして「生き生きとした日本語が使える」学習者を育てるお役に立つことが著者の願いです。

本書で紹介した、見学や体験などができる機関

Unit 7	歌舞伎座 〒104-0061　東京都中央区銀座4-12-15
	セルリアンタワー能楽堂 〒150-0031　東京都渋谷区桜丘町26-1　セルリアンタワー東急ホテル地下2階
	京王プラザホテル　茶室＜松風庵＞ 〒160-8330　東京都新宿区西新宿2-2-1　京王プラザホテル本館10階
Unit 8	杉並アニメーションミュージアム 〒167-0043　東京都杉並区上荻3-29-5　杉並会館
Unit 9	野球殿堂博物館 〒112-0004　東京都文京区後楽1-3-61
	相撲博物館 〒130-0015　東京都墨田区横網1-3-28　国技館1階
Unit 10	TEPIA先端技術館 〒107-0061　東京都港区北青山2-8-44
	変なホテル　　　　　　　　　〒859-3292　長崎県佐世保市ハウステンボス町6-5 変なホテル 舞浜 東京ベイ　〒279-0043　千葉県浦安市富士見5-3-20
Unit 13	東京証券取引所　金融リテラシーサポート部見学担当 〒103-8224　東京都中央区日本橋兜町2-1
	大阪取引所　金融リテラシーサポート部 〒541-0041　大阪市中央区北浜1-8-16
Unit 14	衆議院　衆議院事務局警務部参観係 参議院　参議院警務部参観係 〒100-0014　東京都千代田区永田町1-7-1

※これらの情報は2017年1月現在のものです。実際に訪れる際には、事前に最新の情報をご確認ください。

Unit 1
日本ってどんな国？

Q 知っていますか

これは、日本でよく見られる風景の写真です。
この木は「スギ（杉）」といいます。
この木について、何か知っていることがありますか。

Section 1

1．日本の面積と人口

　日本は、ほぼ東経122度から154度、北緯20度から46度の間に位置する、四方を海に囲まれた列島である。世界地図で日本を見てみよう。日本で使われている世界地図は日本列島が真ん中にあり、日本人は子供のころからこの地図を見慣れている。しかし世界のほかの国の地図では、日本はたいてい、東の端の海に浮かぶ島国として記載されている。

　地球の陸地面積は約1億4,700万km²（平方キロメートル）だが、日本の面積はそのうちのわずか0.25％、37.8万km²である。これは、ロシア連邦の約45分の1、アメリカ合衆国、中華人民共和国の25分の1に過ぎない。また、世界の総人口は約73億5,000万人で、日本の人口は約1億2,657万人。これは世界の人口の約2％弱で、日本が狭い国土に多くの人口を抱えていることがわかる。

日本でよく使う世界地図

ほかの国でよく使う世界地図

【表1】世界の国土面積　　（単位：千km²）

1位	ロシア	17,075
2位	カナダ	9,985
3位	中華人民共和国	9,634
4位	アメリカ合衆国	9,628
5位	ブラジル	8,515
6位	オーストラリア	7,692
7位	インド	3,287
8位	アルゼンチン	2,780
9位	カザフスタン	2,725
10位	アルジェリア	2,382
62位	**日本**	**378**

【表2】世界の人口　　（2015年現在　単位：千人）

1位	中華人民共和国	1,376,049
2位	インド	1,311,051
3位	アメリカ合衆国	321,774
4位	インドネシア	257,564
5位	ブラジル	207,848
6位	パキスタン	188,925
7位	ナイジェリア	182,202
8位	バングラデシュ	160,996
9位	ロシア	143,457
10位	メキシコ	127,017
11位	**日本**	**126,573**

Unit 1 日本ってどんな国？

TASK A 左ページの表1・2を見て、自分の国の国土面積を調べましょう。表にない場合は空欄に書き入れましょう。そして、日本との違いを、下のヒントを見ながらペアで話し合ってください。

　　　　ヒント：日本は――国土面積が狭い。
　　　　　　　　　　　国土面積の割に人口が多い。
　　　　　　　　　　　森林が多い。
　　　　　　　　　　　北海道と沖縄で気温に差がある。

2. 四季の変化と天気予報

　日本は、北海道、本州、四国、九州の4つの大きな島と沖縄本島、そして約7,000もの島々が、北東から南西にかけて弓型に連なっている。四季の変化に富み、比較的温暖で住みやすい。

　そして、狭いとはいえ北から南まで約3,000km（キロメートル）もあるため、同じ季節でも場所によって気候がまったく違うことがある。例えば夏は、同じ本州の中でも、盆地で暑くなりやすい京都と、避暑地として有名な軽井沢とでは気温が10℃（度）も違ったり、冬には、日本海側の金沢で雪が数十cm（センチメートル）も積もっているのに、沖縄では南国の花であるブーゲンビリアが咲き、コートなしで出歩くことができたりするのだ。

　こうした気候の違いや四季の移り変わりは、テレビや新聞などの天気予報からも感じることができる。それぞれの季節ごとに見てみよう。

春

　花粉症という言葉を聞いたことがあるだろうか。くしゃみや鼻水、鼻づまりや目のかゆみなどの症状が出るアレルギー反応のことで、主にスギやヒノキの花粉によって引き起こされる。日本では花粉症の人が多いため、毎年、このスギ花粉が飛び始める2月ごろから、気象庁などが**花粉飛散情報**を発表し、毎日の天気予報で伝えられる。アレルギー反応が出ることで春の訪れを感じるという人も少なくないようだ。

　また、日本の春は**桜の開花予想**からも始まる。桜は気温が15℃ぐらいで開花するため、南の沖縄や鹿児島では3月下旬、北海道東部の釧路などでは5月下旬というように、約2か月かけて北上しながら咲いていく。その開花日を日本全国の都市ごとに予想し、地図上に等圧線のように書いたものが**桜前線**だ。日本の学校や企業は4月に新しい年度が始まり入学式や入社式が行われるため、桜の花は、新入生や新入社員たちが1年をスタートするイメージに重ねられることが多い。

夏

　日本は年間降水量が多いのが特徴で、6月から7月にかけて雨の日が多くなる時期を**梅雨**と言う。各地方の気象台が**梅雨入り**を発表し、天気予報では**梅雨前線**などの用語をよく耳にするようになる。農家では田植えの季節でもある。日本に梅雨があることで、稲が育ち、おいしいお米ができるのだ。

　そして、気象庁が**梅雨明け**を発表すると、日本には蒸し暑い夏が訪れる。1日の最高気温が25℃以上の日を**夏日**、30℃以上の日を**真夏日**と言うが、地球温暖化の影響で、最高気温が35℃以上の**猛暑日**も増えてきた。また、夜になっても気温が25℃以下に下がらない**熱帯夜**も多い。

秋

　その後、夏の終わりごろから**台風**のシーズンとなり、日本の秋が始まる。台風は熱帯低気圧が発達したもので、日本では、発生順に番号を付けて「台風〇号」と呼ぶ。台風は大雨や暴風を伴うため、日本に接近・上陸すると洪水などの災害をもたらす。また、稲刈りの時期とも重なり、米の収穫に影響することも少なくない。そのため、気象庁は台風が発生するとその勢力や進路を予想し、天気予報で「台風10号は現在、太平洋を強い勢力を伴って北上中で……」のように最新の**台風情報**を伝え、注意を促している。

　10月から11月にかけて秋が深まると、日本列島は紅葉に染まる。桜前線と同じように**紅葉前線**という表現もある。紅葉は寒くなることで始まるため、紅葉前線は桜前線とは逆に、北から南へと移動していく。

冬

　四季の中で、地方による違いがいちばん大きいのは冬だろう。雪がたくさん降るかほとんど降らないかで、冬の景色はまったく違う。雪が多いのは山間部や日本海側で、2月の積雪量が2m（メートル）を超えるところも少なくない。一方、太平洋側では空気が乾燥した日が続くため、気象庁が**乾燥注意報**を出して火災への注意を呼び掛けることがある。

TASK B　あなたの国と日本の気候と比べて、いちばん違うと思うのはどのような点ですか。あなたの国の特徴と比べながら、クラスで発表してください。

桜と富士山

田植えが終わった田んぼ

木々が鮮やかに紅葉している

雪景色の町

3. 火山と森林

長野県の地獄谷では、温泉に入るニホンザルが観光客に人気となっている。

　日本の地理的な特徴の一つは、列島にいくつかの火山脈が走っていることである。そのため、今も噴火活動が観測される火山があり、地震も多い。しかしその一方で、各地に質のいい温泉があり、人気の観光地となっている。

　また、国土の約73％が山地で、そのほとんどが森林に覆われていることも大きな特徴だと言える。日本の森林面積は約2,500万ha（ヘクタール）、つまり、国土の約3分の2が森林なのだ。そのため、東京でも都心から西に電車で1時間ほど行くだけで、緑の木々が広がる高尾山などの自然に触れ、登山を楽しむことができる。日本一高い富士山や、ブナの原生林が広がる白神山地、古い神社やお寺が残る紀伊山地のように、世界遺産に指定された山もある。

地震が起きても慌てないために

　日本では、体に感じないぐらいの小さなものも含め、ほぼ毎日のように地震が起きています。しかし、地震は天気のように事前に予測することはできないので、日ごろからの備えが大切です。

●非常持ち出し袋などの準備

　大きな地震があると、水道やガス、電気などが止まる恐れがあります。そのときに必要となる次のようなものをまとめて準備しておきましょう。

　　飲料水・非常食・救急箱・懐中電灯・電池・ラジオ
　　ヘルメット・防災ずきん・ろうそく・ライター・ナイフ
　　缶きり・軍手・現金など

●地震が起きたら

　地震の揺れを感じたら、すぐに身の安全を確保しましょう。まず落下物から頭を守り、台所でガスなどを使っている場合は、揺れが収まってから火を消します。

●情報の見方

　テレビやラジオ、携帯電話などでは、揺れが起きる直前に「緊急地震速報」を、揺れたあとには「地震速報」を伝えます。次のような情報がわかります。

　　地震発生時刻・震源・震度（1～7）・規模（マグニチュード）・津波の有無

　津波の恐れがあるときは、津波注意報や津波警報が出ます。警報のほうが危険です。テレビでは「つなみ！　すぐにげて！」などの文字も放送します。海の近くにいるときは、すぐに高いところに避難してください。

Section 2

【成田空港到着ロビー。三鷹大学留学生課の田中さんが、「歓迎！ ベラさん。マドリードからようこそ」と書いたプラカードを持って迎えに来ている。】

ベ ラ：あのう、田中さんですか。スペインのベラです。

田 中：ああ、ベラさん！ 日本へようこそ。

ベ ラ：お迎えありがとうございます。

田 中：疲れたでしょう？

ベ ラ：はい、少し。マドリードから15時間近くもかかりましたから。でも大丈夫です。

田 中：これから大学に行きますけど、東京はちょうど桜が満開です。電車の窓からも、あちこちに咲いているのが見えますよ。

ベ ラ：本当ですか！ 憧れの日本で桜が見られるなんて、4月に来てよかったです。

田 中：そうですね。日本は南北に細長いから、場所によって桜の咲く日が違うんですよ。あと1週間来るのが遅かったら、東京では見られなかったかもしれません。

ベ ラ：え、じゃあ、日本でもまだ桜が咲いていないところがあるんですか。

田 中：そうですね。東京では今が満開ですけど、東北や北海道はこれからですよ。

TASK C あなたは、日本で桜の花を見たことがありますか。見たことがある人は、どこで、どのように見たかを発表してください。また、あなたの国には、桜のように季節の移り変わりを象徴する花などはありますか。あれば、写真と一緒に紹介してください。

【大学の研究室。鈴木先生とゼミの留学生がそろった。】

鈴 木：日本には桜の名所がたくさんありますが、どこもお花見の人たちでいっぱいです。皆さんの国ではお花見のようなことをしますか。

ウェイ：中国にも昔からお花見の習慣があります。ただ、日本と違うのは、梅や桃、チューリップなど、春に咲く花をみんなで楽しむんです。お花見ができる公園などは人でいっぱいになります。

ホ ア：ベトナムは常夏の国ですが、北のほうのハノイでは「日本さくら祭り」というお祭りがあって、十万人以上の人が集まります。私も去年行きました。日本の食べ物の

屋台や文化紹介などがあって、とても楽しかったです。

リアム：オーストラリアの春は9月です。そのころに、ジャカランダという名前の、紫色のきれいな花が咲くので、その花を見に出かけたりします。

ベラ：スペインでは、桜によく似たアーモンドの花が咲きます。でもお花見はしません。日本でお花見、してみたいです。

鈴木：国によって「お花見」にも違いがあるのは面白いですね。皆さんお花見に興味がありそうですから、あしたはみんなでお花見に行きましょう！

TASK D あなたがお花見に行くとしたら、どこに行きたいですか。近くのお花見スポットや開花日を調べて、お花見に行く計画を立ててみましょう。

日本で人気のあるお花見スポット

五稜郭公園	北海道函館市
弘前公園	青森県弘前市
上野恩賜公園	東京都台東区
新宿御苑	東京都新宿区
隅田公園	東京都墨田区
兼六園	石川県金沢市
吉野山	奈良県吉野町
錦帯橋・吉香公園	山口県岩国市
牧野公園	高知県佐川町
熊本城	熊本県熊本市

桜開花予想前線図

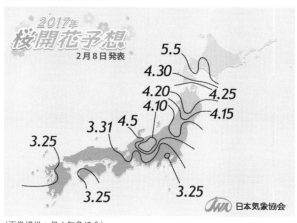

（画像提供：日本気象協会）

Unit 1 日本ってどんな国？

季節や気候の特徴を知ろう

スギ花粉症

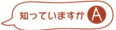

13ページの写真はスギの森林です。戦後の復興期、建築資材の需要が高まったときに、成長の速いスギが大量に植えられ、日本の森林面積の約18％がスギの人工林になりました。そして現在、スギ林から飛散する花粉が引き起こすアレルギー症状が「スギ花粉症」として問題になっています。冬から春先にかけてマスクを着用する人が増えるのは、風邪を予防したり、花粉を吸い込まないようにしたりするためでもあるのです。

茶色く見えるのがスギの花。花粉は煙のように飛び散る。

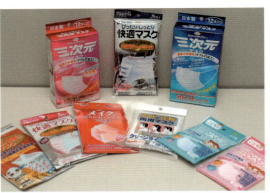
さまざまな機能を備えたマスクが発売されている。

気候の違いを観光資源に

日本は四季がはっきりしていると言われますが、同じ季節でも温度や天気がほかの地域と大きく違う都市があります。それらの都市では、その気候の特徴を生かして観光客を増やすなどの取り組みを行っています。

・北海道釧路市

8月でも日中の気温が20℃前後と涼しく過ごしやすいため、避暑を目的とした夏の長期滞在を推進しています。1年を通して晴れの日が多く、夕焼けの美しさでも有名です。

・埼玉県熊谷市

2007年に当時の日本の観測史上最高気温40.9℃を記録し、日本一暑い都市として知られるようになりました。それを逆手にとり、暑さを乗り切るためのイベントや、ヒートアイランド対策に力を入れています。

a

b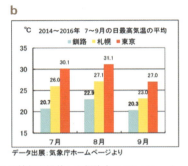

a. 夏の滞在を楽しむための情報を掲載した釧路市のパンフレット
b. 東京はもちろん、同じ北海道の札幌と比べても、釧路の夏はとても涼しい。

（画像提供：釧路市）

Q 知っていますか

これは「囲炉裏(いろり)」のある家です。囲炉裏とは、家の中で火を使う場所です。
このような家を見たことがありますか。どんな特徴(とくちょう)があると思いますか。

Unit 2
都市(とし)の暮(く)らし・地方の暮らし

Section 1

1. 日本の都市

　日本は、山地が国土の70％以上を占める。その残り約30％の平地に約１億3,000万の人口のほとんどが住み、さらに、その多くは都市部に集中している。「一都一道二府四十三県」と言われる47都道府県のうち、人口が多いのは、１位：東京都、２位：神奈川県、３位：大阪府の順だ。そして、「政令指定都市」と言われる都市が全国に20ある。政令指定都市となる条件の１つは人口50万人以上であることで、1956年にこの制度が創設されたときは横浜市、名古屋市、京都市、大阪市、神戸市の５市だったが、その後、人口がさらに都市部へ移動するに従って増えていった。都市部に政治や経済、産業、文化が集中する傾向が見られるのは世界各国に共通する現象だが、日本も同じであるといえる。

地方と都道府県・県庁所在地

北海道地方
①北海道・札幌市

東北地方
②青森県・青森市
③岩手県・盛岡市
④宮城県・仙台市
⑤秋田県・秋田市
⑥山形県・山形市
⑦福島県・福島市

関東地方
⑧茨城県・水戸市
⑨栃木県・宇都宮市
⑩群馬県・前橋市
⑪埼玉県・さいたま市
⑫千葉県・千葉市
⑬東京都
⑭神奈川県・横浜市

中部地方
⑮新潟県・新潟市
⑯富山県・富山市
⑰石川県・金沢市
⑱福井県・福井市
⑲山梨県・甲府市
⑳長野県・長野市
㉑岐阜県・岐阜市
㉒静岡県・静岡市
㉓愛知県・名古屋市

近畿地方
㉔三重県・津市
㉕滋賀県・大津市
㉖京都府・京都市
㉗大阪府・大阪市
㉘兵庫県・神戸市
㉙奈良県・奈良市
㉚和歌山県・和歌山市

中国地方
㉛鳥取県・鳥取市
㉜島根県・松江市
㉝岡山県・岡山市
㉞広島県・広島市
㉟山口県・山口市

四国地方
㊱徳島県・徳島市
㊲香川県・高松市
㊳愛媛県・松山市
㊴高知県・高知市

九州地方
㊵福岡県・福岡市
㊶佐賀県・佐賀市
㊷長崎県・長崎市
㊸熊本県・熊本市
㊹大分県・大分市
㊺宮崎県・宮崎市
㊻鹿児島県・鹿児島市
㊼沖縄県・那覇市

政令指定都市（2016年現在）

1 札幌市　8 新潟市　15 神戸市
2 仙台市　9 静岡市　16 岡山市
3 さいたま市　10 浜松市　17 広島市
4 千葉市　11 名古屋市　18 北九州市
5 横浜市　12 京都市　19 福岡市
6 川崎市　13 大阪市　20 熊本市
7 相模原市　14 堺市

Unit 2 都市の暮らし・地方の暮らし

このような政令指定都市をはじめとする都市部では、地下鉄などの交通網が発達していて、どこに行くにも便利だ。しかし中心部ほど住宅の値段が高く、片道2時間の通勤をしている人も少なくない。それでも、東京都、福岡市、川崎市、さいたま市、などは、年々人口が増え続けている。

2.「地方の暮らしにくさ」から「地方創生」へ

都市に人口が集中する一方で、山間部や農村地域では過疎化が進んでいる。人口減少に伴って商店や病院などが減り、買い物も通院も不便になった。若い世代は生まれ育った場所で仕事が探せず、故郷を離れざるを得ない。そして高齢者が取り残され、ますます過疎化が進むという悪循環が起きているのだ。

買い物客が減り、閉まったままの店が多い商店街は「シャッター通り」と呼ばれる。

そこで、そのような市町村では、過疎化を止めるための取り組みを始めている。安い家賃で住める家を用意するなど、若い世代も暮らしやすくしようという計画だ。また政府も、人口がこれ以上都市に集中しすぎないようにするため、「地方創生」や「二地域居住」などをキーワードに、地域が活性化するさまざまな政策を進めている。地方が独自の文化を保ちつつ、若い世代が安心して働き、住み続けることができる場所にしていくこと。それが、都市と地方、それぞれの暮らしを豊かにしていくカギとなるのだろう。

人口急減・超高齢化という我が国が直面する大きな課題に対し政府一体となって取り組み、各地域がそれぞれの特徴を活かした自律的で持続的な社会を創生できるよう、まち・ひと・しごと創生本部を設置しました。
現在、内閣官房まち・ひと・しごと創生本部事務局と内閣府地方創生推進事務局とが両輪となって、地方創生の推進に向けた施策に取り組んでいます。

(出典:内閣官房ホームページ「まち・ひと・しごと創生本部」)

多様な価値・魅力を持ち、持続可能な地域の形成を目指すためには、地域づくりの担い手となる人材の確保を図る必要があります。
しかし、国全体で人口が減少する中、すべての地域で「定住人口」を増やすことはできません。そこでこれからは、都市住民が農山漁村などの地域にも同時に生活拠点を持つ「二地域居住」などの多様なライフスタイルの視点を持ち、地域への人の誘致・移動を図ることが必要となります。

(出典:国土交通省ホームページ「二地域居住の推進」)

TASK A あなたの国には、都市に人口が集中したり、地方の人口が減ったりすることで生まれる問題がありますか。どんな問題があるか、それに対してどのような取り組みを行っているかを、日本の状況と比べながら発表してください。

TASK B あなたは、二つの地域を行ったり来たりする暮らし方をしてみたいですか。二地域で暮らすメリットとデメリットについて、グループでディスカッションしましょう。

3. 古民家ブームから見えてくること

　「古民家ブーム」という言葉を聞いたことがあるだろうか。「古民家」とは、その文字の通り「古い民家」、伝統的な日本家屋のことを指す。その土地の気候や風土に合った建物としてのよさが見直され、「古くなったからといって取り壊すのはもったいない」「日本的な美しさがある」などの理由で、近年、古民家に注目が集まっている。住む人がいなくなった古民家を再生するプロジェクトなども数多く行われている。その背景には、地方活性化に対する意識が高まってきたことがあるといえるだろう。

　地方の不動産広告を見ると、次のような物件が見つかる。

交通	価格	土地面積	間取り	駐車場
JR 山中駅より バス20分 「畑中」バス停 より15分	610万円	1,974m² (約600坪)	5LDK	3台分 (4tトラックも可)
◎古民家の外観を生かしながら、キッチン・バスはリノベーション済み。		◎自然に恵まれた静かな環境です。		◎広い庭で野菜や花づくりを楽しめます。

　この広告からわかる特徴は、価格が安く、家や土地が広い、部屋数が多い、リノベーションが済んでいる、などだろう。これらをヒントに、昔と今、都市と地方の違いを考えてみると、古民家が実にいろいろな問題を提起していることがわかる。

世帯人数の変化

　住宅の間取りや価格には、大都市圏と地方の違いが大きく反映される。5LDKという間取りは、東京なら郊外でもこの価格で買うのは難しいだろう。そして、部屋数の多さは、昔は子供たちと両親、祖父母の3世代が一緒に住むのがどこにでもある光景だったことを物語っているが、都会ではこの広さ自体が珍しい。現在、両親と子供たちが祖父母と同居する場合に増えているのは、二世帯住宅（1軒の中で、各世代がフロアを分けて生活できるようにした住宅）でそれぞれの独立性を保ちながら工夫して暮らすスタイルなどである。

Unit 2 都市の暮らし・地方の暮らし

地域のコミュニティー

「囲炉裏がある」。それを聞いただけで日本人は、その火で鍋を煮たり、魚を焼いたりしながら、家族が集まっている光景を目に浮かべることができる。昔は、近所の人が海や畑でとれたものを持ち寄って、囲炉裏を囲んで楽しく語り合いながら、地域のコミュニティーが自然に生まれていた。しかしそのような光景は、日本が高度経済成長をとげ、近所付き合いが減る中で消えていった。都会では、「隣に住んでいる人がどんな人か知らない」ということも少なくない。人々が囲炉裏のある古民家に価値を感じるのは、意識的にコミュニティー作りをしなければならない時代となった今だからこそなのかもしれない。

土地の広さ

右のグラフでは、1976年から2016年までに、日本の農業者人口が約3分の1に激減していることがわかる。広大な土地付きの古民家物件が珍しくない理由の一つは、後継ぎのいなくなった農家が、家を畑ごと売りに出すことが多いからだろう。つまり古民家は、農業に従事する人が減っている現状も映し出しているのだ。

また、駐車スペースが広いのは、地方では車がないと生活できないことを示しているともいえる。数時間に1本しか来ない電車やバスを待つより、自分で車を運転したほうが便利だと考え、一家に1台、場合によっては家族全員が1台ずつ車を持っていることも珍しくない。

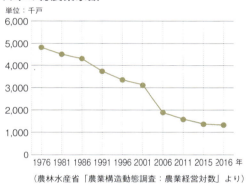

日本の総農業家数
（農林水産省「農業構造動態調査：農業経営体数」より）

一方、都会では自宅に駐車スペースがないことも多く、駐車場を借りると、1台分だけで1か月に何万円もする。そのため自家用車を持つ人は減る傾向にあり、代わりに、カーシェアリングが定着しつつある。レンタカーと違い、15分単位などの短い時間で利用できるこのシステムは、都会で暮らす人の便利で新しい交通手段となっているようだ。

TASK C カーシェアリングを6時間利用したいと思います。近くのステーション（車を借りるところ）を探し、利用料金を調べてください。

Section 2

【今日から1週間、ベラは大学の友達、愛の家にホームステイさせてもらう。】

愛　：うちはここから歩いて10分ぐらい。マンションなんだけど、3LDKってわかる？

ベラ：え、3LDK？

愛　：んっとね、「3」は「寝室が3部屋」っていうことで、「L」はリビング、「D」はダイニングで「K」がキッチン。全部で90m²しかないけど、たぶん東京に住む平均的なうちだと思うよ。あ、そのうち一部屋は和室だから畳なんだけど、ベラはベッドと布団と、どっちで寝るのがいい？

ベラ：あ、布団がいいな。畳の部屋って初めてだから。

愛　：そうなんだ。じゃあぜひ和室を使って。あ、ほら、あのマンション。見えてきた。

ベラ：13階だったよね。

愛　：うん。立派な一戸建てじゃないけど、景色だけは最高だよ。バルコニーからは遠くに新宿のビル群なんかも見えるの。

TASK D　あなたは、どのような家に住んでみたいですか。次の中から一つ選んで、その条件に合う物件をウェブサイトなどで探してみましょう。いい物件が見つかったら、間取りなどと一緒にクラスで発表してください。

①田舎の一戸建て（畑付き。駅からは遠いが、家賃は安い。）
②地方都市のマンション（温泉付き）
③東京の一戸建て（ただし古い）
④京都のアパートかマンション

Unit 2　都市の暮らし・地方の暮らし

愛　　：ベラ、紹介するね。うちの母と父です。

ベラ　：初めまして、ベラです。この度はお招きくださってありがとうございます。1週間、よろしくお願いします。

愛の母：いらっしゃい。自分のうちだと思ってゆっくりしてちょうだいね。

愛の父：今日の夕食はベラさんの歓迎会で、すき焼きですよ。

【翌朝。】

ベラ　：おはようございます。

愛の母：おはよう。今朝はご飯とお味噌汁に鮭の塩焼き、和風にしたけれど、食べられる？

ベラ　：はい、和食は大好きです。私も手伝います。

愛　　：ゆうべは布団でよく眠れた？

ベラ　：うん、ありがとう。東京だと思えないほど静かだった。お隣や上のお宅の音も聞こえないのね。あ、そういえばお父さんは……。

愛の母：ああ、お父さんはもう会社に行ったの。通勤に1時間半かかるのよ。

ベラ　：え、そんなにですか。

愛　　：大学までは2回乗り換えて1時間だけど、大丈夫？

ベラ　：毎日、通学に往復2時間もかかってるの？

愛　　：うん。でも私は近いほうだよ。片道2時間の人もいるし。父は往復3時間だから、1日の8分の1は通勤に使ってる。ちょっと時間がもったいない気もするけど、電車で本を読んだりスマホを見たりできるしね。東京に住む人はそれが普通かな。

TASK E　あなたは、通勤・通学にどのような移動手段を使いますか。移動中、どのように過ごすのが好きですか。それはどうしてですか。

例：電車での通学時間を有効に使って、授業の予習や復習、宿題をする。そのためには遠距離通学でもいいが、席には座れるほうがいい。

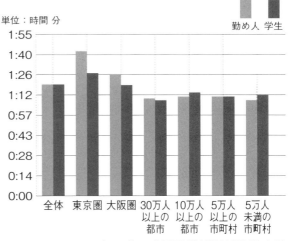

都市の規模別に見る勤めている人の平均通勤時間と学生の平均通学時間（平日・往復）

（NHK「2015年国民生活時間調査報告書」より）

Unit 2　都市の暮らし・地方の暮らし

地方の暮らしを豊かに

古民家の魅力を生かす

古民家の外観や内装を生かした宿泊施設やカフェが人気を集めています。

a. 山村に残る古民家を生かした宿。キッチンやバスルームを備えた1軒まるごとに宿泊できる。b. 古い柱や床のよさを保ちながら、最新の設備が整えられている。（写真提供：株式会社ちいおりアライアンス）

廃校の有効活用

人口が集中している都心部でも少子化は進んでいるため、廃校になる小中学校があります。その使われなくなった校舎を利用して、地域住民の交流の場をつくる取り組みなどが行われています。

a. 廃校になった千葉県の保田小学校は、道の駅として再生された。地域の人だけでなく、観光客も多く訪れる交流の場となっている。b. 音楽室だった教室ではコンサートが開かれている。（写真提供：都市交流施設・道の駅保田小学校）

サテライトオフィス

大都市に本社を置く企業が、地方の古民家を利用したサテライトオフィスを作るケースが増えています。社員が数週間から数か月単位で本社とサテライトオフィスを行き来するなど、新しい形の二地域居住型の働き方として注目されています。

木の温かさが感じられる古民家の中は、最新の通信設備を使ったオフィスに。（写真提供：㈱プラットイーズ（徳島県））　家の外にコンピューターを持ち出し、風に吹かれながら仕事をすることも。（写真提供：Sansan㈱（徳島県））

Unit 3
日本の旅を楽しもう

 知っていますか

このような光景(こうけい)を見たことがありますか。何をする人たちだと思いますか。

Section 1

1. 安全で正確な新幹線

　新幹線が初めて走ったのは1964年10月1日で、東京と新大阪をつなぐ東海道新幹線だった。その後、路線数が増え、2016年に北海道新幹線が開業して9路線になった。
　新幹線の車両はどれも、流線型の実にスマートなデザインだ。それは単に外見をよく見せるためではなく、スピードに耐え、騒音を出さないための設計でもある。時速200kmを超える高速運転（2016年現在、東北新幹線のE5/E6車両で最高時速320km）のために、できるだけ空気抵抗の少ない車体が要求されるのだ。
　新幹線は路線ごとに列車に名前が付いている。ホームでは「のぞみ112号が到着します」のように名前の後に号数を付けてアナウンスされるので、覚えておくと迷わない。

日本の新幹線

開業年月日	路線	列車名
1964年10月 1日	東海道新幹線	のぞみ・ひかり・こだま
1972年 3月15日	山陽新幹線	
1982年 6月23日	東北新幹線	はやぶさ・はやて・やまびこ・なすの
1982年11月15日	上越新幹線	とき・たにがわ
1992年 7月 1日	山形新幹線	つばさ
1997年 3月22日	秋田新幹線	こまち
1997年10月 1日	北陸新幹線	かがやき・はくたか・あさま・つるぎ
2004年 3月13日	九州新幹線	みずほ・さくら・つばめ
2016年 3月26日	北海道新幹線	はやぶさ・はやて

　皆さんは「新幹線の安全神話」をご存じだろうか。開業以来、新幹線の車両が原因となる乗客の死亡事故はただの一度も起きていない。トンネルや高架が多く、踏切が一つもないことが、安全に日本中を走り抜けられる要因とも言えるが、東海道新幹線だけでも年間12万本も走っているのに、である。
　2014年、国土交通省は東海道新幹線を「第13回日本鉄道大賞」に選んだ。日本の新幹線は、時刻表通りの時間に出発し、予定時刻通りに駅に着く。その正確さは秒単位で管理されている。台風や地震の影響で遅れたり運休になったりすることもあるが、それは、速さや正確さと同時に、安全であることが重視されているからなのだ。

Unit 3　日本の旅を楽しもう

日本鉄道大賞選考理由

今日までに約56億人という膨大な数の乗客を運び、営業列車の脱線・衝突事故、乗車中の旅客の死傷事故いずれもゼロ、災害時なども含めた運行1列車あたりの平均遅延時分0.9分（平成25年度実績）という、他の高速鉄道の追随を全く許さない安全・安定輸送の実績を打ち立ててきました。

（出典：国道交通省「第13回『日本鉄道大賞』の受賞者について」）

東海道新幹線（写真提供：JR東海）

東北新幹線

（画像提供：nippon.com）

TASK A　あなたは今、東京にいます。これから2週間かけて、日本を旅行する予定です。次の中から行きたい場所をいくつか選び、新幹線を使った旅行の計画を立ててみましょう。

北海道：札幌／函館　　本州：秋田／仙台／金沢／京都／大阪／広島
四　国：松山　　　　　九州：博多／長崎／熊本

2. 長距離移動に便利な飛行機

　小さな日本列島だが、北海道の札幌市から沖縄の那覇市までの距離は約2,243.8kmもある。そこで、あまり時間のない人には、飛行機を使った空の旅もお勧めだ。

　航空運賃は鉄道に比べると割高だが、早期予約割引や格安航空券なども売り出されている。例えば東京から金沢に行く場合、交通費から考えると、新幹線にするか飛行機にするか迷うところだ。新幹線は予約をしなくてもその場で列車に飛び乗れるというメリットがあるが、指定席を買っておかないと座席が確保できないことがあるというデメリットもある。飛行機の場合は、短時間で目的地に着けるのがメリットだが、空港が都市部や観光地から離れた場所にある場合は、目的地までさらに電車やバスなどでの移動を伴い、思ったより時間がかかってしまうこともある。目的地までのルートをよく調べて、いろいろな運賃を比べてみると参考になるだろう。

　国内線が就航している空港は全国に100近くあり、東京からは関東地方以外のほとんどの都道府県の空港に直行便で飛べる。各地の空港には、その地域の特色を表す愛称が付いているところもあるので、空港の名前を見て、そこがどんな都市なのかを考えるのも楽しい。

たんちょう釧路空港（北海道）の入口にあるモニュメント
（写真提供：釧路空港ビル株式会社）

釧路湿原に生息するタンチョウ

TASK B　①〜⑥は日本の空港の愛称です。好きなものを一つ選び、なぜその愛称が付いたかを調べましょう。その愛称と関係のある写真などがあれば、その写真と一緒に、クラスで発表してください。

①米子鬼太郎空港　　②出雲縁結び空港　　③鳥取砂丘コナン空港
④徳島阿波おどり空港　⑤高知龍馬空港　　　⑥宮崎ブーゲンビリア空港

3. 都市部で発達する地下鉄網

都会を移動するとき、なんといっても便利なのは地下鉄だ。交通渋滞に関係なく、定刻通りに走ってくれる。また、排気ガスを出さないので、環境に配慮した公共交通と言える。日本の地下鉄は、東京都のほか、北海道札幌市・宮城県仙台市・神奈川県横浜市・愛知県名古屋市・京都府京都市・大阪府大阪市・兵庫県神戸市・福岡県福岡市にあり、重要な交通機関となっている。これらはいずれも政令指定都市で、地下鉄網の発達は都会の人口集中とも密接に関連していると言えるだろう。

これらの中で最も大きいのは東京メトロが運営する地下鉄で、全9路線に179の駅がある。世界各国にも多くの地下鉄が走っているが、東京メトロの1kmあたりの輸送人数は第1位、年間の輸送人員数でも第3位である。

	世界の地下鉄	国・地域	キロあたり輸送人員（千人）	営業キロ	年間輸送人員（百万人）
1	東京メトロ	日本	12,787	195.1	2,494
2	Seoul Metro	韓国	10,964	137.9	1,512
3	香港鉄路公司	香港	9,057	185	1,675
4	Moskovski Metropoliten	ロシア	7,654	325.4	2,490
5	Regie Autonome des Transports Parisiens	フランス	7,517	205	1,541
6	Sistema De Transporte Colectivo	メキシコ	7,238	201.7	1,460
7	北京市地鉄運営有限公司	中華人民共和国	6,460	450	2,907
8	MTA New York City Transit	U.S.A.	4,681	374	1,751
9	London Underground Limited	イギリス	3,247	402	1,305
10	上海地鉄運営有限公司	中華人民共和国	3,204	410	1,314

（出典：東京メトロ「世界の代表的な地下鉄との比較」）

TASK C 下の表は、東京メトロで1日の乗降客数が多い駅ベスト10です。路線図などを参考にして、なぜこれらの駅の利用者が多いのか考えてみましょう。

東京メトロ駅別乗降人員順位表（2015年度一日平均）

	駅	乗り入れ路線	乗降客数（人）
1	池袋	丸ノ内線・有楽町線・副都心線	548,839
2	大手町	丸の内線・東西線・千代田線・半蔵門線	313,620
3	北千住	千代田線	289,001
4	銀座	銀座線・丸の内線・日比谷線	245,208
5	新橋	銀座線	241,041
6	新宿	丸の内線	231,340
7	渋谷	銀座線	216,687
8	上野	銀座線・日比谷線	207,240
9	豊洲	有楽町線	200,533
10	東京	丸の内線	196,687

（出典：東京メトロ「各駅の乗降人員ランキング」）

4．分刻みで運行する鉄道ダイヤ

新幹線と同様、JR（ジェイアール：Japan Railway）や私鉄・地下鉄の列車も、事故や悪天候の影響がない限り、とても正確に運行されている。都市部では数分間隔で運行しているが、定刻に発着し、2分遅れただけでも「2分遅れての到着となります。お急ぎのところご迷惑をおかけいたしました」とアナウンスが流れる。

日本に来て、機会があれば、一度は朝夕の通勤ラッシュ時に電車に乗ってみることをお勧めする。満員の電車の中で人々は、イヤホンで音楽を聞いたり、携帯端末の画面を眺めたり、座っている人は居眠りをしたりと、車内が静かなことに驚くだろう。いかにも日本的な光景だと思う。

東京駅発山手線（外回り・平日）の時刻表

時	平日																
4	50																
5	17	35	53														
6	7	22	28	35	40	45	51	56									
7	1	7	12	17	22	26	28	31	34	37	40	43	45	48	51	54	56	59
8	2	5	7	10	13	15	18	21	23	26	29	31	34	37	40	43	46	48	51	54	56	59
9	2	5	8	10	13	16	18	21	24	26	29	32	34	37	40	43	46	49	52	55	58
10	2	6	10	14	17	21	24	28	31	35	38	42	46	50	54	58		
11	3	7	11	15	20	24	28	32	36	40	45	49	53	57				
12	1	6	10	14	18	23	27	31	35	39	43	47	52	56				
13	0	4	8	13	17	21	25	29	34	38	42	46	50	55	59			
14	3	7	12	16	20	24	28	32	37	41	45	49	53	57				
15	1	6	10	15	18	23	27	31	35	40	43	48	52	56				
16	1	5	10	15	19	22	26	30	34	38	42	45	48	52	55	58		
17	1	4	7	10	14	17	21	24	28	31	34	37	40	44	47	50	53	57
18	0	3	6	9	13	16	19	22	26	29	32	36	39	42	45	49	52	55	58
19	2	5	8	11	14	18	21	24	27	31	34	37	40	44	47	50	53	57
20	0	3	6	9	13	16	19	22	26	29	32	35	39	42	45	49	52	55	58
21	2	5	8	11	14	18	21	24	27	31	34	37	40	44	47	51	56	
22	3	7	11	14	18	22	26	30	34	38	42	46	50	53	58			
23	3	7	12	16	20	23	26	31	36	41	45	48	51	55	58			
0	4	9	15	24	29	33	37	43	51	57								
1	3																	

JR山手線の時刻表。朝夕のラッシュ時には2、3分間隔で運行されている

ホームで電車を待つ人々

Unit 3 日本の旅を楽しもう

TASK D これは地下鉄に乗るときのマナーを表したポスターです。これを見て、どう思いますか。また、ほかにどんなマナーを守るといいと思いますか。ペアで話し合ってみましょう。

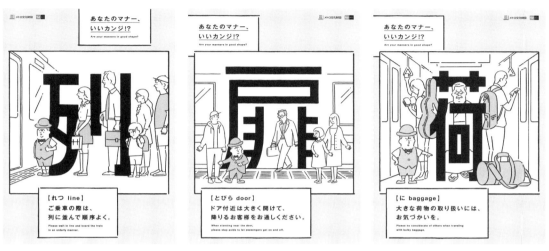

（画像提供：メトロ文化財団）

5. 目的地までのルート選び

　電車で目的地まで行くとき、地下鉄やJR、私鉄など、複数のルートが考えられることがある。また東京の場合は、地下鉄だけでも東京メトロと都営地下鉄の2つがあり、乗り換えがある場合は、どちらか一方だけを使うときより料金が高くなる。パソコンや携帯アプリの乗り換え検索では「到着時間の早い順」「乗り換え回数の少ない順」「料金の安い順」などを選択できるので、何を優先するかよく考えて経路を計画しよう。

TASK E ウェブサイトやスマートフォンのアプリなどで、乗り換え検索をしてみましょう。次の2つのルートを調べてください。

①あなたは東京の「中野」に住んでいます。今度の土曜日、「浅草」に行きます。どのルートで行くかを決めて、そのルートと、選んだ理由をクラスで発表してください。

②友達とペアになってください。2人は今、新幹線で京都駅に着きました。これから嵐山に行きます。2人で相談して、どのルートで行くかを決めましょう。

6．ICカード乗車券

　電車に乗るときには、IC（アイシー）カード乗車券を持っていると便利だ。プリペイド式のカードで、駅の窓口や自動券売機で買うことができる。このカードにお金をチャージしておくと、自動改札にかざすだけで乗車金額が精算されるので、乗る度に切符を買わなくてもよい。電子マネーとして、駅の売店での買い物や、バス・タクシーの支払いにも使える。
　首都圏で発行されているICカード乗車券には、JR東日本のSuica（スイカ）や私鉄のPASMO（パスモ）などがある。ほかにも全国各地の鉄道会社からいろいろなICカード乗車券が発行されていて、相互利用ができるものも増えてきている。

TASK F　下の写真は、鉄道会社が発行しているICカード乗車券の一部です。各地のICカード乗車券の中には、名前やデザインがそれぞれの地域にちなんだものもあります。どんなカードがあるか調べて、その意味や由来をクラスで発表しましょう。

Unit 3　日本の旅を楽しもう

機会があれば乗ってみよう

🚕 タクシー

駅や空港から乗るときは「タクシー乗り場」を探しましょう。道を走っているタクシーに乗りたいときは、「空車」の表示が出ているタクシーを、手を挙げて止めます。ドアは自動で開きます。閉まるときも自動なので、手や荷物を挟まれないように気をつけてくださいね。行き先は「○○お願いします」と伝えます。ほとんどのタクシーにはカーナビが付いているので、住所や電話番号を伝えれば大丈夫です。初乗り料金は地方によって違います。降りるときは、メーターに表示された金額を確認して料金を払い、レシートももらっておきましょう。

🚌 バス

皆さんは長距離バスに乗ったことがありますか。例えば東京なら、「バスタ新宿」などのバスターミナルから、日本の各地に出発するバスに乗ることができます。新幹線よりも時間はかかりますが、半分以下の料金で行くこともできます。

地域を走る路線バスは、定額運賃の場合は200円くらいで乗車できます。降りるときはボタンを押して知らせます。でもバスによっては日本語でしかアナウンスがないので、慣れていない人には「冒険」かもしれませんね。最初は、定額運賃の路線の始発から終点まで乗ってみると、町の見学にもなり、面白いと思います。観光バスは、ガイドさんが案内してくれますから、日本語の勉強にもなりますよ。

東京には水上（海上）バスもあります。おすすめのコースは浅草から浜離宮です。ぜひ、試してみてください。

🚲 自転車

観光地に行くと、「レンタサイクル3時間500円」などという貸し自転車の看板を目にすることがあります。歩くには遠いところを自分のペースで回ることができて便利ですね。

Section 2

【大学の研究室で。先生がゼミ旅行について説明している。】

鈴木：皆さん、今年のゼミ旅行は日本の古都、京都に行きましょう。

ベラ：わあ、京都ですか？！ 日本でいちばん行きたいところです！

鈴木：それはよかった。今回は大学から学割の証明書をもらって切符を買います。東京から京都まで新幹線で行く場合、大人料金は往復で26,160円ですが、学割を使うと少し安くなります。

リアム：以前、両親と2週間の観光で日本に来たときには、「ジャパン・レール・パス」を使いました。

ウェイ：ジャパン・レール・パス？

リアム：うん、観光目的の短期滞在に認められる特別なパスだよ。一定期間、安い料金でJRの列車に乗り放題なんだ。例えば1週間のパスだと4万円以下、330ユーロぐらいかな。為替レートのいいときだと、もっと安く買えるかもしれない。日本中を列車で移動するなら絶対に便利なパス。

ベラ：私の両親も日本に来たがっているので、そのパスを買ってくるように勧めます。

ホア：私は、友達と日光へ日帰り旅行をしたときにJRの「青春18きっぷ」を使いました。新幹線や特急列車には乗れませんが、のんびり旅を楽しむには便利だと思いました。

鈴木：そうですね。そのほかに地下鉄やバスにも、1日乗り降り自由なフリー切符など、いろいろお得な切符があります。目的に合わせて選ぶといいですね。

TASK G 日本の観光地の中であなたがいちばん行ってみたいところを一つ決めて、そこには何で行くか（飛行機か列車か）、時間や運賃はどのぐらいかかるかなど、交通手段を調べてみましょう。そして、どうしてその方法で行きたいのか、理由をクラスで発表してください。

Unit 3 日本の旅を楽しもう

鈴　木：京都は道路が計画的に作られているので、どこに行くのも、とてもわかりやすいですよ。

ベ　ラ：そうなんですか。電車やバスから、いろいろな景色や建物を見るのが楽しみです。

ホ　ア：私は人力車に乗ってみたいです。

リアム：人力車って？

鈴　木：人力車は、お客さんを乗せて人が引いて走る、明治時代にできた乗り物です。今は観光用に使われていて、車を引く車夫さんが名所を案内してくれるので、人気があるようですね。ほかにも、景色を楽しめるトロッコ列車や川下りの船など、旅を楽しむためのいろいろな乗り物がありますよ。

 観光を目的とした乗り物にはどのようなものがあるか調べてみましょう。場所や料金、何が楽しめるかなどをまとめて、クラスで紹介してください。

観光客を乗せて走る人力車（京都府）

紅葉を楽しむ天竜川の川下り（長野県）

Unit 3　日本の旅を楽しもう

列車の旅を快適に

新幹線の清掃作業

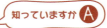

新幹線の始発駅となっている東京駅では、1日に140〜180本の新幹線が折り返し運転をしています。ホームで到着を待っていた清掃スタッフは、すべての乗客が降りてから発車までの約7分間に車内すみずみまでの清掃作業を終え、29ページのように次の乗客を迎えます。その手際の良さとサービス精神が、世界各国で賞賛されています。

a. 到着する新幹線を、おじぎをして迎える。　b. 荷物棚の奥から座席の下まで、車内のすみずみをチェックしながら清掃する。
c. トレイは、たとえ使っていなくてもすべてふいていく。　d. お手洗いの清潔さも高い評価を得ている。（写真提供：(株)JR東日本テクノハートTESSEI）

駅弁

列車の旅の楽しみの一つが、車内で食べるお弁当。駅で売っているので「駅弁」と言います。130年以上の歴史があり、日本の食文化の一つとして定着しています。各地の特産物を使った料理が入っているのも特徴です。その駅に行かないと買えないものもありますが、東京駅などのターミナル駅には、各地の有名駅弁を集めて毎日販売している駅弁専門店があり、人気を呼んでいます。また、デパートなどで開催される「駅弁フェア」や、空港で売られている「空弁」も人気です。

a. 日本らしい料理が味わえる「日本のおもてなし弁当」
b. 新幹線の形のお弁当箱に入った「新幹線E7系弁当」

（写真提供：(株)日本レストランエンタプライズ）

Unit 4
いただきます！

 知っていますか

これは何か知っていますか。
どのように使うかわかりますか。

Section 1

1. 日本の食料自給率と食品輸出入

　人間が元気に生きていくためには、一日およそ1,500キロカロリーが必要だとされている。しかし、カロリーベースで見ると、日本人はその39％しか自給できていない。カナダ、オーストラリア、フランス、アメリカ合衆国が100％以上の自給率を誇り、余剰のカロリー源を輸出できるのに対して、日本では、もし食料が輸入できなくなったら、とたんに必要なカロリーが補給できなくなってしまうのだ。

　1965年に73％だった日本の食料自給率（カロリーベース）は、50年後の2015年には39％にまで下がった。なぜこれほど落ち込んだのだろうか。

　理由として、日本人の食生活が変化したことが考えられる。1965年（昭和40年）当時は、主食である米を中心に、魚や野菜などを多く食べる生活を送っていた。その後、1970年になると、日本で初めてのファミリーレストランが誕生した。家庭でもパンやスパゲティなどが主食として次第に取り入れられるようになり、洋食化が急速に進む。それまで日本の主食を支えていた米を食べる量が減り、肉や乳製品、卵などの畜産物や油脂類が日常の食生活で大きなウエイトを占めるようになったのだ。

各国の食料自給率

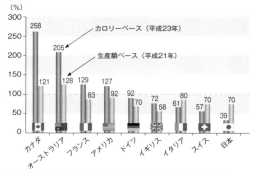

資料：農林水産省「食料需給表」、FAO "Food Balance Sheets" 等を基に農林水産省で試算。（アルコール類等は含まない）
(注) 1. 数値は暦年（日本は年度）。スイスのデータ、イギリスの生産額ベース、韓国のカロリーベースについては、各政府の公表値を掲載。
2. 生産額ベースの試算における、各品目の国産単価及び輸入単価については、FAO（国際連合食糧農業機関）のPrice STAT及びTrade STAT等により算出。
3. 畜産物及び加工品については、輸入飼料・輸入原料を考慮。

（出典：農林水産省webサイト http://www.maff.go.jp/j/zyukyu/zikyu_ritu/011.html）

日本の食料自給率の推移

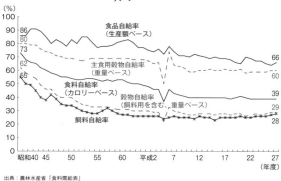

出典：農林水産省「食料需給表」

（出典：農林水産省webサイト http://www.maff.go.jp/j/zyukyu/zikyu_ritu/011.html）

Unit 4 いただきます！

 TASK A　自分の国が日本から輸入している食品、日本に輸出している品目を調べて、その理由を考え、クラスで発表しましょう。

主な輸出・輸入品目の国・地域別割合（2015年、金額ベース）

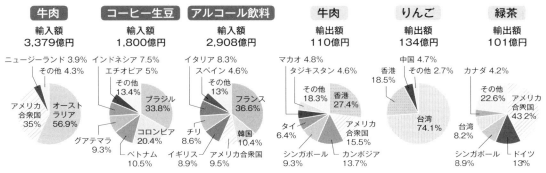

（出典：平成27年農林水産物輸出入概況）

2. 地産地消が進む学校給食

　食料の輸入量が増えるにしたがって、スーパーマーケットの売り場では、外国産の肉や魚、果物や野菜が目立つようになった。しかしその一方で、「地産地消」も重要視されてきている。これは「地域生産・地域消費」を略した言葉で、「自分の住んでいる地域で作り、それを地域の中で食べよう」という動きだ。産地から食卓までの輸送距離が短いため、朝収穫したものがその日のうちに売り場に並べられ、新鮮なものを新鮮なうちに消費することができる。旬のものが食べられること、栄養価が高いことなどは、消費者にとって健康を守る上でもありがたい存在だ。また、流通にかかるコストを低くしたり、輸送トラックなどからの二酸化炭素排出量を抑えたりすることにもつながる。

　地産地消の動きは、小中学校の給食にも表れている。日本の学校給食のメニューは、1970年代まではパン、牛乳、おかずというスタイルが続いていた。しかし1980年代になると、米の消費拡大を目的に、ごはんが主食となる献立（メニュー）の回数が増えていく。そして、この主食の変化は、当然のことながらおかずにも影響を与える。ごはんに合う和風のおかずが、地元の素材を使って工夫されるようになってきたのだ。

TASK B　あなたの国の学校には給食がありますか。どのようなものを食べますか。給食がない場合は、どのように昼食をとりますか。日本との違いを比べながら、学校給食のメリットとデメリットについて、クラスでディスカッションしましょう。

3. 和食文化の普及

日本の上質な米は、海外でも好まれるようになった。酒や抹茶など日本独特の味も輸出ルートに乗って世界各国に広まりつつあり、醤油や味噌などの調味料がフランス料理に使われたりもしている。「だし」という言葉は日本語のまま通じる。その背景にあるのは、日本食の奥の深さや世界の健康志向だろう。

そして2013年、「和食」はユネスコ無形文化遺産に登録された。今後、海外に和食をさらに普及させるためには、さまざまな課題が存在するだろう。日本固有の食文化が世界に広まり、日本各地の優れた伝統食が世界の味となるようなシステムが作られていくことを期待したい。

ユネスコ無形文化遺産に登録された「和食：日本人の伝統的な食文化」とは

南北に長く、四季が明確な日本には多様で豊かな自然があり、そこで生まれた食文化もまた、これに寄り添うように育まれてきました。このような、「自然を尊ぶ」という日本人の気質に基づいた「食」に関する「習わし」を、「和食：日本人の伝統的な食文化」と題して、ユネスコ無形文化遺産に登録されました。

「和食」の4つの特徴

（1）多様で新鮮な食材とその持ち味の尊重

日本の国土は南北に長く、海、山、里と表情豊かな自然が広がっているため、各地で地域に根差した多様な食材が用いられています。また、素材の味わいを活かす調理技術・調理道具が発達しています。

（2）健康的な食生活を支える栄養バランス

一汁三菜[*1]を基本とする日本の食事スタイルは理想的な栄養バランスと言われています。また、「うま味」を上手に使うことによって動物性油脂の少ない食生活を実現しており、日本人の長寿や肥満防止に役立っています。

（3）自然の美しさや季節の移ろいの表現

食事の場で、自然の美しさや四季の移ろい[*2]を表現することも特徴のひとつです。季節の花や葉などで料理を飾りつけたり、季節に合った調度品や器を利用したりして、季節感を楽しみます。

（4）正月などの年中行事との密接な関わり

日本の食文化は、年中行事と密接に関わって育まれてきました。自然の恵みである「食」を分け合い、食の時間を共にすることで、家族や地域の絆を深めてきました。

[*1] 一汁三菜＝ごはんに、みそ汁とおかず3つの組み合わせ　　[*2] 季節の移ろい＝季節の変化

（出典：農林水産省 http://www.maff.go.jp/j/keikaku/syokubunka/ich/index.html）

Unit 4 いただきます！

TASK C 左ページの（1）～（4）に関することを調べてみましょう。次の中から一つ選んで、具体的な写真を添えて説明してください。

（1）その土地ならではの「郷土料理」を一つ選び、材料や作り方、その土地の気候や歴史との関係などを調べましょう。

（2）タンパク質やビタミンなどの栄養バランスがとれた、健康的な和食の献立を考えましょう。

（3）花や葉、器や調度品などで季節感を表している料理をウェブサイトで見つけ、どの季節を表しているか考えてみましょう。

（4）年中行事と結び付いている食べ物について、どの行事がどんな献立や料理と関係があるかを調べましょう。

a. 春が旬のタケノコの煮物　b. 和菓子にも季節が映し出される　c. 野菜の飾り切りで紅葉を表す　d. 花の形に切ったダイコンとニンジン

4．道の駅

　ドライブの途中でちょっと喉が渇いたら、「道の駅」に立ち寄る。そこのカフェで休み、農産物直売コーナーをのぞいてみる。すると、その土地ならではの食べ物やお土産物が買えたりする。

　「道の駅」とは、「休憩」「情報提供」「地域連携」の3つの機能を備えた場所として国土交通省に登録された施設で、全国で1,000か所以上に設置されている。地元の観光情報や特産品などを紹介していて、そこでしか食べられないものや手に入らない商品もある。そのため、「ちょっと立ち寄る」だけでなく、食事や買い物を目的にわざわざ道の駅を訪れる観光客も増えてきた。

　その日に収穫された野菜や果物を生産者が直接持ち込んで販売する産直（産地直送）コーナーも人気が高い。農業や漁業を営む人々にとっても、「直売できる場所」としてなくてはならない存在になっている。つまり道の駅は、地産地消にも大きな役割を果たしているのだ。地域の産業が活性化する場所として、道の駅は今度も増えていくのではないだろうか。

TASK D あなたの国で「道の駅」を作るとしたら、どんなものを売りたいですか。建物はどんなデザインにしますか。企画書を書いて、クラスで発表してください。

a. 廃校となった小学校を再利用した道の駅・保田小。体育館が市場に生まれ変わり、地元で採れた新鮮な野菜や果物が売られている。 b. 秋には、収穫されたばかりの新米が並ぶ。（写真提供：都市交流施設・道の駅保田小学校）

5. 日本のおいしい水

　日本の水道水は安全でおいしいと言われている。山地が多く、各地にきれいな水が湧き出す水源があるからだろう。その中から、環境省が昭和60年（1985年）に「名水百選」、平成20年（2008年）に「平成の名水百選」を選び、合計200か所の「名水」が選定された。水のおいしさだけでなく環境のすばらしさなども考慮したこの取り組みは、日本人の中に「水源を大事にしよう」という意識を芽生えさせた。

　このような意識の変化に合わせ、日本でも1980年代からペットボトル入りの水が市販されるようになった。最近は、環境に配慮したパッケージや採水地にこだわった商品も増えている。「水はただで手に入る」という時代から、「おいしい水は買うもの」、そして、「おいしい水を生み出す森を大切にしよう」という時代に変わってきたのだ。

さまざまな種類の水が市販されている。

TASK E あなたの国では、ペットボトル入りの水を買うのは普通のことですか。日本で売られている水を1本買って、値段や採水地、成分などを調べ、自分の国と日本の違いについて発表してください。

農林水産省の食堂？！

　農林水産省の中にある食堂は、ランチタイムに限って、職員以外の人も利用できるように一般に開放されています。季節ごとの国産食材を使用したメニューは、おいしいだけでなく、日本の食文化を知ることもできると評判です。

　それぞれのメニューにはカロリーとともに「自給率」が表示されているので、ランチを食べながら、日本の食について考えることもできます。

6．B級グルメとご当地グルメ

　高級なイメージの「和食」に対し、手ごろな値段で気軽に楽しめるのが「B級グルメ」だ。各地のさまざまな名物料理がこのB級グルメとして紹介され、地域振興（町おこし・村おこし）のきっかけとなっている。

　そのB級グルメの代表ともいえるのがラーメンだろう。土地ごとに特徴があり、有名な店の前には観光客の行列ができる。元々は中国から伝わった料理だが、今では日本各地で独自の発展を遂げ、「ご当地グルメ」として定着している。

　ラーメンのほかにも、北海道・釧路の「ざんぎ」や四国・香川の「讃岐うどん」など、47都道府県それぞれの食文化に根差したご当地グルメがある。どこにどのような料理があるか、探してみるのも楽しいだろう。

TASK F　「B級グルメ」や「ご当地グルメ」にはどんな食べ物があるか調べましょう。その中から好きなものを一つ選んで、その特徴などを写真と合わせて紹介してください。

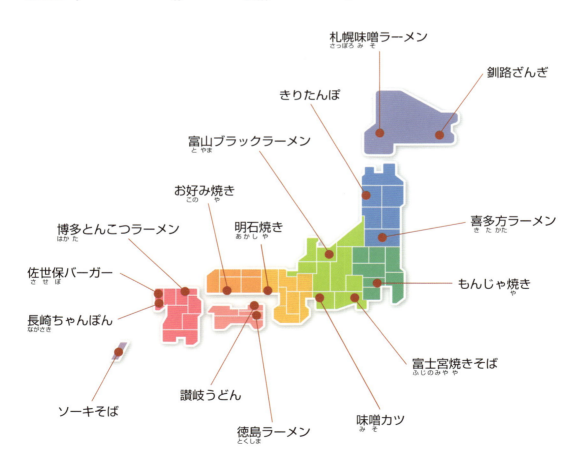

7. 日本で楽しむ世界の料理

　日本では、和食ばかりでなく、フランス料理、イタリア料理、中国料理、ベトナム料理など、世界各国の料理を楽しむことができる。1週間、毎日違う国の料理を食べることもできるかもしれない。デパートのレストラン街やショッピングセンターのフードコートには、さまざまな国のレストランが並んでいるし、ファミリーレストランなどに行けば、1軒の店で和洋中すべての料理を楽しむこともできる。

 インターネットなどで、日本にある5か国の外国料理の店を調べてみましょう。メニューや値段、作っているのはどんな人かなど、それぞれの特徴を発表してください。

国名	特徴（代表的な料理や値段、作っている人など）

Section 2

【大学の教室で。佐藤先生と学生たちが、和食について話している。】

佐　藤：リアムさんは将来、オーストラリアで和食のレストランを開きたいそうだね。

リアム：はい。オーストラリアにも日本料理の店はたくさんあるんですが、父がレストランを経営しているので、そこに和食を取り入れたいんです。そのために、日本でいろいろな料理を食べて帰ろうと思っています。

佐　藤：留学に明確な目標があっていいね。じゃあ、今度みんなで和食割烹に行こうか。

ベ　ラ：私はベジタリアンですが、大丈夫ですか。

佐　藤：大丈夫。和食の特徴の一つは、動物性のものを使わなくても、栄養バランスのいい食事ができることだよ。

ホ　ア：でも先生、割烹って高そうです……。

佐　藤：心配ないよ。夜は6,000円以上するような店でも、ランチタイムなら1,500円前後で食べられるところも多いから。

ホ　ア：そうなんですか。実は行ってみたいお店があるんです。そこは季節ごとにメニューが変わって日本の四季が感じられるんですが、一人では入りにくくて。

佐　藤：さすがホアさん、メニューの変化にも気がついてたんだね。四季の変化を料理に取り入れることも、日本料理の特徴なんだ。最近は日本の若者たちも洋食に慣れてしまって、和食文化の良さが消えてしまうと心配する人もいるから、みんなのように日本食に注目してくれる人が増えるのはうれしいね。

TASK H ウェブサイトなどで和食の店を探してみましょう。行ってみたい店を1軒選び、昼と夜でメニューや値段にどんな違いがあるか、調べてください。

ウェイ：日本では、和食だけじゃなくて、いろいろな国の料理が食べられますよね。あちこちに中華料理の店があるのでびっくりしました。

佐　藤：そうだね、日本には「医食同源」といって、バランスよくおいしく食べることが健康につながる、という考え方があるんだ。僕は、それには和食が最適だと考えてるんだけど、でも同時に、世界中どの国の料理にも、それぞれのおいしさがあると思ってるよ。そういう人が多いから、いろんな国のレストランがあるんだろうね。

Unit 4 いただきます！

ベ　ラ：そうですね。この前、スペイン料理のお店に行ったんですが、本場の味と同じでとてもおいしかったです。日本にいながら世界各地(かくち)のお料理が食べられるのって、すごくぜいたくだと思います。

ホ　ア：私もそう思います。ふるさとの味がなつかしくなったら、安くておいしいベトナム料理屋さんに行ってるんですよ。

リアム：いいなあ。僕はオーストラリア料理のレストランはあまり見たことがないから、ちょっと残念(ざんねん)なんだ。だからいつか、自分のレストランの支店(してん)を日本に作るよ。

ベ　ラ：わあ、リアムさん、もうすっかりレストランのオーナーだね。そのときは私たちも食べに行くからよろしくね。

リアム：10年後には実現(じつげん)させるよ！

TASK 1 あなたは、自分の国の料理を、日本で食べたことがありますか。そのとき、どんなことに気がつきましたか。あなたが日本で自国料理のレストランを開店するとしたら、どんな料理を出しますか。

Unit 4 いただきます！

世界で通じる日本語―Dashi と Bento

Dashi：だし

知っていますか A

「だし」とは、鰹節や昆布、干しシイタケなどのうまみ成分を水で煮出して作る汁のことで、漢字では「出汁」と書きます。この汁に調味料を加えて味噌汁やそばつゆを作ります。だしを作るにはコツが必要なので、簡単にできるように粉末やパックになったものも売られています。

昆布
鰹節
干しシイタケ

粉末のだし。お湯に溶かして使う。

パックに入っているものは、パックごとお湯に入れて、煮たあとに取り出す。

Bento：お弁当

ごはんとおかずを一つの容器に入れて持ち運べる「お弁当」も、日本に定着している食文化です。

コンビニのお弁当コーナーにはいろいろな種類が並び、町には持ち帰り専門のお弁当店がたくさんあります。アニメのキャラクターや動物の顔に見えるように飾った手作りの「キャラ弁」も人気です。

a. 市販のお弁当。おかずはフライなどが人気　b. おにぎりで作ったサンタクロース　c. いろいろなお弁当箱と、お弁当を飾るための小物

Q 知っていますか

これはお正月に食べる「お節(せち)料理」です。
どのような材料(ざいりょう)が使われているかわかりますか。
どんな行事に何を食べるか、知っていますか。

Unit 5
季節を楽しむ年中行事
き せつ

Section 1

季節を楽しむ日本の行事

　日本には四季があり、多彩な年中行事がある。伝統的に続いてきた日本独自の文化に由来するもののほかに、海外から伝わった習慣や近年になって生まれたイベントなども加わり、毎月、何らかの行事があると言える。手帳やカレンダーには、そのような行事が書き込まれているものも多い。その中から代表的な行事を月ごとに見てみよう。

日本の祝日と年中行事

	国民の祝日	伝統的な行事や記念日	その他のイベント
1月	1日：元日 第2月曜日：成人の日	7日：七草粥	
2月	11日：建国記念の日 23日：天皇誕生日	3日ごろ：節分（豆まき）	14日：バレンタインデー
3月	21日ごろ：春分の日	3日：雛祭り 21日ごろ：お彼岸	14日：ホワイトデー
4月	29日：昭和の日		
5月	3日：憲法記念日 4日：みどりの日 5日：こどもの日		第2日曜日：母の日
6月		衣替え	第3日曜日：父の日
7月	第3月曜日：海の日	7日：七夕	
8月	11日：山の日	6日：広島原爆の日 9日：長崎原爆の日 12日ごろ：お盆休み 15日：終戦の日	
9月	第3月曜日：敬老の日 23日ごろ：秋分の日	23日ごろ：お彼岸	
10月	第2月曜日：スポーツの日	衣替え	30日：ハロウィーン
11月	3日：文化の日 23日：勤労感謝の日	15日：七五三	
12月		31日：大晦日	25日：クリスマス

1月

日本の**お正月**は1月1日を**元日**と言い、一年のすべてが始まることから特別な日とされている。元日の朝のことを指す**元旦**は、「旦」という漢字が、地平線に昇る太陽を表している。**お節料理**（お正月のための特別な料理）と**お雑煮**（お餅が入った汁物）が元日の食卓を飾る。お節料理は地方によって特色があり、年末になると各家庭で作られるが、最近では、デパートやスーパーなどで買うセットも人気を呼んでいる。

子供たちは親や親戚からお正月の特別なおこづかいである**お年玉**をもらう。昔は**凧揚げ**や**羽根つき**、**コマ回し**などお正月独特の遊びがあったが、現在では道路事情の変化などもあり、見かけることはほとんどなくなってしまった。伝統的な遊びは現代社会では消えつつあるのかもしれない。

また、**初詣**に行って、その年の平和や健康を祈る。

お正月に届く、新年の挨拶が書かれたハガキが**年賀状**だ。最近はメールやSNSで新年の挨拶をする人が増え、年賀状を書く人が減ってきてはいるが、それでも毎年、30億枚ほどの年賀状が発行されている。年賀状には「あけましておめでとうございます」「謹賀新年」などの言葉が書かれ、その年の**干支**の動物の絵が使われることが多い。

1月の第2月曜日は**成人の日**。日本の成人年齢である20歳を迎えた若者を祝う**成人式**が各地で行われる。

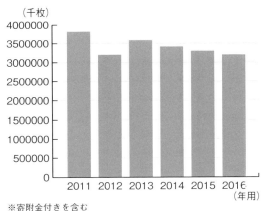

年賀ハガキの発行枚数
（千枚）
※寄附金付きを含む
（日本郵便株式会社プレスリリースより作成）

TASK A お正月に関する習慣について調べてみましょう。

①初詣：インターネットなどで神社やお寺の人出ランキングを調べてください。そこがどのような場所で、なぜそこに人が集まるのか考えてみましょう。

②年賀状：インターネットなどでデザインのサンプルを探し、お世話になった方に年賀状を書いてみましょう。次のお正月にどんな年賀状を書きたいか考えてください。

2月

　2月は1年の中で最も気温が低くなる時期で、北部や山間部、日本海側では多くの雪が降る。2月4日ごろが**立春**で、旧暦（→63ページ）では春にあたるため、天気予報で「暦の上では今日から春ですね」などと言っているのを聞くことがあるだろう。

　この立春の前の日が「季節を分ける」という意味の**節分**で、**豆まき**が行われる。豆をまくときに言う「鬼は外。福は内」という言葉には、「災いが来ませんように。幸せが来ますように」という願いが込められている。

豆まきに使われる大豆

　2月14日のバレンタインデーは、日本では「女性から男性に愛の告白をする日・贈り物をする日」になった。贈り物は圧倒的にチョコレートが多く、デパートなどにはきれいにラッピングされたチョコレートが並ぶ。本当に好きな人に贈る**本命チョコ**、職場などの付き合いで挨拶代わりに贈る**義理チョコ**などという言葉も生まれた。最近では、女の子の友達同士で**友チョコ**を贈り合ったり、自分で楽しむために購入したりする女性も増えたようだ。

プレゼント用に、いろいろなチョコレートが発売される。

3月

　3月3日は**雛祭り**。女の子の健やかな成長を願うお祭りで、女の子のいる家では**雛人形**を飾る。5段や7段の台に飾る大きなものから、女雛と男雛だけの**内裏雛**など、住宅事情に合わせた人形が、桃の花と一緒に飾られる。日本各地で桃の花が満開になる時期なので、この日が**桃の節句**とも言われる。

着物が美しい内裏雛

3月14日は日本で生まれた**ホワイトデー**。日本独自のもので、「バレンタインデーにチョコレートをもらった男性が女性にお返しをする日」として定着している。本命か義理チョコか、どんな立場でもらったかによってお返しの内容も違ってくるため、ホワイトデーの習慣は男性たちを悩ませているようだ。

3月下旬は、小・中学校、高等学校、大学の**卒業式**、そして幼稚園や保育園の**卒園式**シーズンでもある。卒業式にどんなことをするか、国による違いを比較してみるとおもしろいだろう。

卒業式の式次第（プログラム）

4月

日本では4月が学校や官公庁、多くの会社などの**新年度**で、**入学式・入社式**が行われる。ピカピカのランドセルを背負った小学1年生や、着慣れないスーツに身を包んだ新社会人などが町を歩くほほえましい光景が、春のそよ風にのって広がる季節だ。ちょうど桜の開花シーズンとも重なるため、新入社員の歓迎会を兼ねた**お花見**をする会社も多い。

入学おめでとう！

TASK B あなたの国の学校では、いつ、どのような卒業式・入学式をしますか。日本ではどのようなことをするか調べて、違う点や同じ点を比べてみましょう。

5月

4月下旬から5月上旬にかけての祝日が多い期間を**ゴールデンウイーク**と呼ぶ。土曜日、日曜日とうまくつながると長期休暇も可能なので、レジャーや旅行に出かける良い機会だ。

月	火	水	木	金	土	日
4月24日	25日	26日	27日	28日	29日 昭和の日	30日
5月1日	2日	3日 憲法記念日	4日 みどりの日	5日 こどもの日	6日	7日

こどもの日は、男の子の成長を祝う**端午の節句**に由来し、鎧や兜が飾られる。大空には**鯉のぼり**が元気よく風にはためく。1948年から5月5日がこどもの日に**制定**され、男の子だけでなく、すべての子供の幸せを祈る日となった。

鯉のぼり

6月

6月は12か月の中で祝日がない唯一の月だ。**梅雨**の雨がシトシトと降り続く時期だが、京都の鴨川など、各地で蛍が飛び始める。

6月1日は冬服から夏服に着替える**衣替え**。学校や官公庁の制服も夏服に替わる。1年でいちばん昼間の時間が長い日である**夏至**は20日前後だ。

7月

本州を中心に海や山のレジャーシーズンが始まり、7月1日には、各地で海や山の安全を祈願する**海開き・山開き**が行われる。富士山もこの日が山開きで、9月10日までが夏の登山シーズンとなる。

小中高校は一般的に7月20日前後が1学期の終業式で、この日から8月いっぱい、長い**夏休み**に入る。ほぼ全地域で**梅雨明け**を迎え、気温も湿度も高い夏が始まる。夏バテ対策、**熱帯夜**、**熱中症予防**などの用語が、新聞やテレビのニュースで毎日のように使われる。

TASK C 梅雨は日本列島をどのように移動するでしょうか。沖縄、福岡、徳島、香川、京都、東京、長野、石川、福島、青森、北海道の中から3か所を選び、「梅雨入り」と「梅雨明け」の時期、梅雨の間の雨量などを調べてみましょう。また、沖縄と北海道に特徴的な違いがあるかどうかも調べてください。

8月

8月15日は旧暦の**お盆**に当たり、この前後を夏休みとする企業が多い。お盆は、仏教などに由来する行事で、故郷で過ごす人が多い。そのため、新幹線や飛行機、高速道路は**帰省**ラッシュで大変な混雑となる。各地で**盆踊り**や**花火大会**が開催される夏祭りのシーズンでもある。

TASK D お盆の時期には、日本各地で個性的なお祭りが開催されます。夏に開かれるお祭りや盆踊りにどんなものがあるかを調べ、その様子をクラスで発表し、それぞれの特徴を比較してみましょう。

主な夏祭りや盆踊り

名前	開催時期	開催地	特徴
博多祇園山笠	7月1日～15日	福岡県福岡市	
祇園祭	7月1日～31日	京都府京都市	
郡上おどり	7月中旬～9月上旬	岐阜県郡上市	
青森ねぶた祭	8月2日～7日	青森県青森市	
秋田竿燈まつり	8月3日～5日	秋田県秋田市	
山形花笠まつり	8月5日～7日	山形県山形市	
仙台七夕まつり	8月6日～8日	宮城県仙台市	
よさこい祭り	8月9日～12日	高知県高知市	
阿波おどり	8月12日～15日	徳島県徳島市	
精霊流し	8月15日	長崎県長崎市	

9月

9月の第3月曜日は**敬老の日**で、「多年にわたり社会につくしてきた老人を敬愛し、長寿を祝う」祝日となっている。日本人の平均寿命は男女ともに伸び続けていて、2015年には100歳以上の人口が6万人を超えている。

毎年9月23日前後の**秋分の日**を過ぎるとようやく**残暑**も収まり、虫の音が一段と美しくなる。日本人は虫の鳴き声を音として楽しむため、日本語には「チンチロリン」「リーンリーン」など、虫の音を表すさまざまな**擬音語**がある。

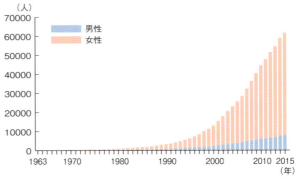

（厚生労働省「平成27年百歳以上高齢者等について」より）

10月

1日は夏服から冬服への**衣替え**。官公庁では、夏期のクールビズに対する冬期の**ウォームビズ**が始まる。

10月の第2月曜日は**スポーツの日**。1964年に開催された東京オリンピックの開会式が10月10日だったことに由来する祝日で、この時期にあちこちで運動会が開催されることから、「スポーツの秋」という言葉が使われる。また、さまざまな農作物が収穫期を迎え、旬の果物や野菜が店先に並ぶ「食欲の秋」でもある。日本語にはほかにも「読書の秋」「芸術の秋」「行楽の秋」「実りの秋」など、秋を表現する「○○の秋」という言葉が数多くある。これは、ほかの季節には見られない秋の特徴かもしれない。

小学校の運動会

11月

10月から11月にかけて、米農家では**稲刈り**の時期を迎える。勤労感謝の日として祝日になっている11月23日は、古くは収穫を祝う日であり、現在も「新嘗祭」という宮中祭祀に受け継がれている。

稲の穂

Unit 5　季節を楽しむ年中行事

　11月15日前後には、晴れ着を着て**七五三**を祝う親子の姿を神社などで目にすることができる。七五三は子供の成長を祝う行事で、女の子は3歳と7歳、男の子は5歳で祝うことが多い。子供たちは、長寿を願う**千歳飴**をもらえるのを楽しみにしている。

TASK E　あなたの国には、農作物などの収穫を祝うお祭りがありますか。それはどのようなお祭りですか。写真などと一緒に、クラスで紹介してください。

細長い袋の中に千歳飴が入っている。

12月

　1年の終わりである12月は何かと忙しい。12月を別の言葉で**師走**とも呼ぶが、これは、「師（＝先生）も走るほど忙しい」からだという説もある。一般企業や官公庁などは12月29日から1月3日までが年末年始休暇になるところが多く、12月28日が**仕事納め**（その年の仕事をする最後の日）となる。家庭でも、大掃除をしたり、年賀状を書いたり、**門松**や**しめ飾り**などのお正月飾りやお節料理を用意したりと、お正月を迎えるためのさまざまな準備をしながら12月31日の大晦日となる。

玄関に飾られたしめ飾りや門松

　大晦日には**年越しそば**を食べる。そばを食べるのは、そばの麺が切れやすいことから「その1年に起こった悪いことを切る」という意味が込められているとも言われている。

　「皆さん、どうぞ良いお年をお迎えください。」

年越しそば

Section 2

【9月。涼しい風が吹き始め、大学では後期が始まる。勉強を再開するにはとてもいい時期だ。】

ウェイ：来週、中国では中秋節です。授業がなければ帰国したかったです。

リアム：中秋節？ 中秋節って？

ウェイ：ええとね、中国の伝統的なお祭りの一つ。幼稚園から大学、会社も銀行も全部休みだから、家族みんなが集まるんだ。

ベ ラ：へえ、どんなお祭りなの？

ウェイ：お月見だよ。「月餅」っていうお菓子が1か月くらい前から売り出されて、贈り物にするんだ。立派な箱に入っている高価なものもあるけど、中秋の日を過ぎたら値下がりするよ。

ベ ラ：まるでクリスマスケーキみたい。

ウェイ：ほんとだね。先生、日本ではお月見は休みじゃないんですか。

鈴 木：ええ、残念だけど、お休みにはなりませんね。でも「中秋の名月」といって満月を楽しむ風習はありますよ。

ホ ア：何か特別なことをしますか。

鈴 木：そうですね。お月見の風習は平安時代に中国から日本に入ってきたんですが、今は十五夜に月見団子やすすきを飾ったりしますね。

リアム：「十五夜」は満月のことですか。

鈴 木：そう。そして「十五夜」以外にも、「十三夜」や「十六夜」のように、満月をはさんだ前後のお月さまも鑑賞の対象になってるんですよ。

リアム：日本では満月以外の月もいろいろな呼び方で楽しむんですね。

鈴 木：皆さんは「月見そば」って知ってますか。

ホ ア：あ、私、食べたことあります。おそばの中に卵を入れて名前が「月見」なんて、おしゃれだなと思いました。

鈴 木：卵の黄身を満月に見立ててそう呼ぶんです。日本人にとって、月はとても身近なものなんですよ。

Unit 5　季節を楽しむ年中行事

TASK F　満月に浮かぶ影を、日本では「ウサギが餅つきをしている」と言います。あなたの国ではどうですか。「月」について、どのようなイメージを持っていますか。

鈴　木：ウェイさん、中秋節は確か、毎年旧暦の8月15日でしたっけ。
ウェイ：はい。旧暦のお正月も春節で休みになりますけど、それも日本とは違いますね。
リアム：先生、「旧暦」って何ですか。
鈴　木：旧暦は昔のカレンダーのことです。今、世界中のほとんどの国で使っているカレンダーはグレゴリオ暦ですよね。それは「新暦」や「太陽暦」ともいいます。それより前に、中国を中心に東アジアで使われていた暦を「旧暦」「太陰暦」って言うんです。日本では明治6年、1873年に今のカレンダーになりました。今でもいくつかの年中行事は、旧暦で行われるものもあるんですよ。

TASK G　今は人類が宇宙に行く時代です。人類は将来、月に住むことができるようになると思いますか。「はい」か「いいえ」で答え、そう考える理由を50字以内にまとめてクラスで発表しましょう。

Unit 5 季節を楽しむ年中行事

年中行事と食べ物

季節の行事食

　お正月のお節料理のように、年中行事のときに決まって食べるものがあります。それぞれの由来を考えながら味わうのも、季節ごとの楽しみの一つです。

a. お雑煮は地域ごとにいろいろな特徴がある（お正月）
b. 七草粥（1月7日）
c. 雛あられとひし餅（雛祭り）
d. 柏餅とちまき（こどもの日）

季節のイベント

　バレンタインデーに贈るチョコレートやハロウィーンのカボチャのお菓子など、イベントの時期には、それに合わせたさまざまな商品が発売されます。特にバレンタインデーは、このときにしか買えない限定商品もあり、売り場には毎日、多くの女性客が訪れます。

写真提供：姫路市

Q 知っていますか
この建物はどこにあると思いますか。
これが建てられたのは何世紀(なんせいき)でしょうか。

Unit 6
知っておきたい日本の歴史(れきし)

Section 1

　大陸と陸続きだった日本が現在の日本列島の形になったのは、今から１万年前ごろだと推測されている。一般的に「日本の歴史」を語るとき、その始まりは、日本列島に人類が暮らしていたことが確認できる旧石器時代にさかのぼる。その後、66〜67、70〜71ページ下の年表のように移り変わり、現在へと続く。この流れに沿って、主な時代の特徴を見ていこう。

縄文時代・弥生時代

　縄文時代は、縄の文様（模様）が付いた土器を用いていたことから、こう呼ばれるようになった。人々は竪穴式住居に住み、狩猟や採集をしながら暮らしていた。青森県にある三内丸山遺跡は約5,500年から4,000年前まで続いた集落の遺跡で、ここで発掘された土器などからは、平和で秩序ある文化的な暮らしが続いた時代だったことがわかる。

　弥生時代は、紀元前4世紀ごろから3世紀ごろまでの時代である。大陸から稲作が伝わり、定住化が進む中で各地に小さな国が生まれた。この時代の遺跡としては、佐賀県にある吉野ケ里遺跡が有名である。

 TASK A　①〜⑥は三内丸山遺跡で発掘されたものから推測できる縄文時代の特徴です。世界の同じ時代の４大文明であるエジプト文明、インダス文明、中国文明、メソポタミア文明と比べて同じ点や違う点について、グループでディスカッションしましょう。

①人々の主食はクリで、人工的に栽培されていた。
②船で海を越えて交易を行っていた。新潟県のヒスイ、北海道の黒曜石などが出土している。
③世界最古の土器が発見されていて、中には非常に芸術性の高いものもある。
④縄文人はおしゃれで、貝の首飾りや腕飾り、ヒスイのピアスなどを着けていた。
⑤漆塗りの食器が見られる。
⑥平等な社会が形成されていた。集落のそばに整然と並んだお墓は大小の区別がなく、副葬品（死者と共に埋められた品物）にも差がない。

年	〜紀元前14,000年ごろ	紀元前14,000年ごろ〜紀元前6世紀	紀元前4世紀〜3世紀中ごろ	3世紀中ごろ〜7世紀中ごろ	592〜710	710〜794	
時代	旧石器	縄文	弥生	古墳	飛鳥	奈良	

Unit 6 知っておきたい日本の歴史

奈良時代・平安時代

　710年、奈良を都として平城京が作られ、天皇を中心とした国家体制が整った奈良時代が始まる。このころ、人々は法律によって私有地を持つことが許されるようになった（それまで、土地はすべて国のものだった）。その後、794年に桓武天皇が京都に都を移して平安京を作り平安時代となる。当時は朝廷と、そこに仕える貴族が政治や経済の中心にいた。しかし平安中期になると、厳しい税の取り立てなどへの不満が高まって各地で反乱が起き、武器を持った農民の中から武士が生まれる。武士の集団は次第に力を持つようになり、中でも、源氏と平氏が有力な武士団であった。一時は平氏が力を持ったが、両氏はその後、数々の戦いで争うことになる。

鎌倉時代から安土桃山時代

　1185年、壇ノ浦の戦いで平氏が源氏に敗れ、平氏は滅亡する。そして、1192年、朝廷から征夷大将軍に任じられた源頼朝が鎌倉に幕府を開き、武家政権が始まる。この時代、日本は1274年と1281年の二回にわたって、フビライ・ハンが建てた元による襲来を受けた。これを元寇という。

　その後、1338年に足利尊氏が将軍に任じられて幕府を開き、時代は室町となる。室町時代には、能や狂言、茶の湯、生け花など、現代まで続く数多くの文化が生まれた。また、南蛮貿易と呼ばれるヨーロッパとの貿易が盛んになった時代でもある。きっかけは、1543年にポルトガルから鉄砲が伝えられたことや、1549年にフランシスコ・ザビエルがキリスト教を伝えるために日本を訪れたことだった。

　室町時代末期は、政権をめぐる戦いが続いたため、戦国時代とも呼ばれる。1573年に織田信長が室町幕府を滅ぼし、その後、信長の家臣だった豊臣秀吉が1590年に全国を統一した。この時代を、信長と秀吉がそれぞれ城を建てた地名から安土桃山という。

TASK B 68〜69ページの年表は、日本の旧石器時代から安土桃山時代までの主な出来事を表したものです。「世界とあなたの国」の欄に、同じ時代に起きた出来事を書いてください。友達が書いた年表と比べながら、どんな時代だったか話し合いましょう。

794〜1185	1185〜1333	1333〜1336	1336〜1573	1573〜1603
平安	鎌倉	建武の新政	室町	安土桃山

時代	日本	世界とあなたの国
旧石器（きゅうせっき）	2万年前 ● 北海道は中国大陸と陸続きだった ● ナイフ形の石器が発掘されている ● ナウマンゾウが生息していた	〜紀元前
縄文（じょうもん）	約1万年前 ● 人々は竪穴式住居に暮らしていた ● 東京の大森貝塚から、縄文土器が発掘されている	
紀元前4世紀〜3世紀中ごろ 弥生（やよい）	57年 ● 後漢の光武帝から金印を贈られる ● 東京の文京区弥生で、弥生式土器が発掘されている ● 稲作が始まる	1世紀
3世紀中ごろ〜7世紀中ごろ 古墳（こふん）	538年 ● 百済から仏教が伝わる ● 全国に古墳が作られる ● 大和王権が国内を統一する ● 中国から漢字が伝わる	500年〜
592〜710 飛鳥（あすか）	604年 ● 聖徳太子が十七条の憲法を定める 607年 ● 小野妹子が遣隋使として隋に渡る ● 法隆寺が建てられる	

Unit 6 知っておきたい日本の歴史

時代	日本	世界とあなたの国
710～794 奈良（なら）	710年 ● 都が平城京（現在の奈良）になる 712年 ● 日本最古の歴史書『古事記』成立 720年 ● 『日本書紀』成立 752年 ● 東大寺の大仏完成 ● 日本最古の歌集『万葉集』が書かれる	700年～
794～1185 平安（へいあん）	794年 ● 都が平安京（現在の京都）になる 1156年 ● 保元の乱。天皇家の争いで平氏と源氏が戦う 1159年 ● 平治の乱。平清盛と源義朝が戦う ● ひらがなとカタカナができる ● 『枕草子』（清少納言）や『源氏物語』（紫式部）が書かれる	1000年～
1185～1333 鎌倉（かまくら）	1192年 ● 源頼朝が鎌倉幕府を開く 1333年 ● 鎌倉幕府が滅びる ● 「小倉百人一首」「平家物語」ができる ● 鎌倉の大仏完成	
1336～1573 室町（むろまち）	1338年 ● 足利尊氏が室町幕府を開く 1543年 ● ポルトガルから鉄砲が伝わる 1549年 ● フランシスコ・ザビエルによってキリスト教が伝わる ● 能楽や茶の湯、生け花が流行する	1500年～
1573～1603 安土桃山（あづちももやま）	1573年 ● 織田信長が室町幕府を滅ぼす 1582年 ● 本能寺の変で信長死去 1590年 ● 豊臣秀吉が全国を統一する 1598年 ● 秀吉死去 1600年 ● 関ヶ原の戦いで徳川家康が勝つ	

江戸時代

　秀吉の死後、1600年の関ヶ原の戦いに勝利した徳川家康が征夷大将軍となり、江戸(今の東京)に幕府を開いた。徳川氏が支配した江戸時代は、15代将軍慶喜までの約260年間、戦いのない平和な時代であった。この時代の政治は幕藩体制と呼ばれる。各藩は、将軍から領地を与えられた大名が支配し、幕府は武家諸法度という法律でこの大名たちを厳しく管理していた。

　江戸時代に起きた大きな変化の一つが鎖国である。幕府はキリスト教を禁止する禁教令を出し、宣教師を国外に追放した。また、スペイン船の来航や、日本人が海外に行くこと、海外にいる日本人が帰国することも禁止する。そして1639年、ポルトガル船の来航を禁止して、鎖国が完成した。(ただし鎖国後も、オランダと中国との貿易は続けられた。)

TASK C 日本が鎖国政策をとった18世紀後半は、世界各国でもさまざまな変化が起きていた時期でした。どのような出来事があったか調べて、それがお互いの国にどのような影響を与えたか、グループでディスカッションしましょう。

　江戸時代はさまざまな芸術が花開いた時期でもある。庶民は歌舞伎や俳諧、浮世絵などを楽しんだ。また、オランダ語で医学や天文学などを学ぶ蘭学など、学問も盛んになった。

　江戸と地方をつなぐ五街道(東海道、中山道、日光街道、奥州街道、甲州街道)という主要な道路が整備されたことや、大名が1年おきに江戸と藩を行き来する参勤交代という制度によって人々の行き来が盛んになったことで、都市と地方の交流が活発な時代だった。

　このころの子供たちは、寺子屋と呼ばれる学校のようなところで「読み・書き・そろばん」と言われる基礎的な知識を学ぶことができた。この寺子屋制度は全国の都市や農村に広がり、当時の日本の庶民の識字率は世界一だったとされる。

TASK D ウェブサイトなどで寺子屋について調べましょう。ペアになって、次のことを話し合ってください。

　① 「読み書きそろばん」は、当時、生活する上でどのように役に立ったか。
　② 寺子屋の長所はどのような点か。

年	1604～1868
時代	江戸

Unit 6　知っておきたい日本の歴史

明治以降

1853年、神奈川県浦賀にアメリカの軍艦が来航し、幕府に開国を求めた。翌1854年、幕府はアメリカとの間に日米和親条約を結び、200年以上続いた鎖国政策が終了する。1858年には日米修好通商条約も結ばれたが、これらをきっかけに、幕府を倒して近代国家を作ろうという運動が盛り上がり始める。そして1867年、15代将軍の徳川慶喜が政権を朝廷に返す大政奉還が行われた。こうして江戸幕府は滅び、約260年の江戸時代が終わった。その後、新政府が組織され、基本方針となる五箇条の御誓文が1868年に公布される。江戸は東京という名前に変わって日本の首都になり、時代は明治となった。

　明治政府の下、大名が治める藩をやめて県を行政単位とする廃藩置県が行われた。また、欧米の学校制度や郵便制度なども導入された。そして、1889年に大日本帝国憲法が発布される。日本は、世界史の中でも稀なほどの短期間で近代化の道を進んだのである。

　明治から大正、昭和にかけて、日本は日清戦争（1894年）、日露戦争（1904年）、第一次世界大戦（1914〜1918年）、第二次世界大戦（1941〜1945年）という大きな戦争を経験した。しかし、第二次世界大戦後に施行された日本国憲法の下、日本は今日まで、国民主権・基本的人権の尊重・平和主義（戦争の放棄）を三原則として、戦争のない時代を歩み続けている。

　少子高齢化や相次ぐ自然災害など、現代の日本が直面している課題は少なくない。しかしその一方で、世界のあらゆる分野で日本人が活躍するような明るい出来事も多い。ノーベル賞の受賞者が続く人文科学分野、野球やサッカーなどのスポーツ界、音楽・絵画の芸術や医学や歴史分野などから、優れた人材が輩出している。そして、大きな震災を何度も乗り越えてきた日本人の姿は、世界にも大きな影響を与えた。

　これからの歴史の中で、日本はどんな方向に歩もうとしているのだろうか。

TASK E　72〜73ページの年表は、日本の江戸時代から現在までの主な出来事を表したものです。「世界とあなたの国」の欄に、同じ時代に起きた出来事を書いてください。友達が書いた年表と比べながら、どんな時代だったか話し合いましょう。

1868〜1912	1912〜1926	1926〜1989	1989〜2019	2019〜
明治	大正	昭和	平成	令和

時代	日本	世界とあなたの国
1604〜1868 江戸	1603年 ● 徳川家康が江戸幕府を開く 1609年 ● オランダと貿易を開始。長崎の平戸にオランダの商館を置く 1624年 ● スペイン船の来航を禁止する 1635年 ● 日本人が海外へ行くことを禁止する ● 参勤交代制度が完成する 1639年 ● ポルトガル船の来航を禁止し、鎖国が完成する 1720年 ● キリスト教以外の洋書の輸入が許可される 1774年 ● オランダの医学書を翻訳した『解体新書』が書かれる 1821年 ● 伊能忠敬が日本地図を完成させる 1853年 ● アメリカのペリーが神奈川の浦賀に来航し、開国を要求する 1854年 ● 日米和親条約を結ぶ。イギリス、オランダ、ロシアとも和親条約を結び、鎖国が終了する。 1858年 ● アメリカ、ロシア、イギリス、フランスと日米修好通商条約を結び、函館・神奈川・新潟・兵庫・長崎の港を開く 1867年 ● 大政奉還。15代将軍徳川慶喜が政権を朝廷に返し、武家政治が終わる 1868年 ● 江戸城開城。城が新政府軍に引き渡される ● 俳諧や歌舞伎、演芸、文芸、浮世絵が流行する ● 全国に寺子屋が作られる	1600年〜 1700年〜 1800年〜

時代	日本	世界とあなたの国
1868〜1912 明治（めいじ）	1871年 ● 廃藩置県。郵便制度の導入 1872年 ● 義務教育開始。東京・新橋と神奈川・横浜を結ぶ鉄道開通 1885年 ● 伊藤博文が初代内閣総理大臣になる 1889年 ● 大日本帝国憲法発布 1890年 ● 第1回衆議院議員選挙、第1回帝国議会が行われる 1894年 ● 日清戦争 1904年 ● 日露戦争	1900年〜
1912〜1926 大正（たいしょう）	1914年 ● 第一次世界大戦 1919年 ● パリ講和会議 1920年 ● 国際連盟に加入 1923年 ● 関東大震災 1925年 ● 普通選挙法制定 ● ラジオ放送開始	
1926〜1989 昭和（しょうわ）	1931年 ● 満州事変 1933年 ● 国際連盟脱退 1937年 ● 日中戦争 1939年 ● 第二次世界大戦 1941年 ● 太平洋戦争 1945年 ● 広島・長崎に原爆投下。終戦 1946年 ● 日本国憲法公布 1964年 ● 東海道新幹線開通。東京オリンピック開催 1972年 ● 沖縄が日本に復帰。日中共同声明	
1989〜2019 平成（へいせい）	1995年 ● 阪神・淡路大震災 2011年 ● 東日本大震災 2016年 ● 選挙権年齢18歳に	2000年〜
2019〜 令和（れいわ）		

Section 2

【ゼミ旅行で奈良・京都へ。奈良にある東大寺の大仏殿を訪れている。】

ウェイ：日本という国はいつごろできたんですか。

鈴　木：そのころの記録はほとんどないんです。でも、奈良時代に書かれた『日本書紀』の内容から、7世紀ごろに権力の集中が起きたと言われています。天皇を中心とした国家の体制が整った時期ですね。民衆にとっては、納税や兵役といった義務に縛られるようになっていく時代です。

ベ　ラ：国家ができると権力の縦の構造社会ができる。どこでも同じですね。

鈴　木：奈良には1,400ものお寺があるんですが、この東大寺は743年に建てられました。建造費、建てるときにかかったお金は、今の金額にすると4,657億円で、延べ260万人もの人たちが関わったそうです。

ベ　ラ：そんなにたくさん！　だから、あんなに大きな大仏が作れたんですね。

鈴　木：あの大仏は、平和を願って建てられたと言われています。きっと、人々の平和への願いを聞いてくれているに違いないですね。

ウェイ：先生、次はどこへ行くんですか。

鈴　木：このあとは春日大社と興福寺の五重の塔を見て、それから奈良公園へ行きますよ。

ホ　ア：奈良公園って、シカがたくさんいるところですよね。楽しみです！

ベ　ラ：私も、シカにおせんべいをあげたいです。

Unit 6 知っておきたい日本の歴史

【京都の清水寺で。】

ウェイ：ここは、昔から有名なお寺だったんですか。

鈴木：そうですね。清水寺は平安時代に書かれた「源氏物語」に登場しますから、そのころには存在していたことがわかります。同じ平安時代の「枕草子」という随筆にも、「さはがしきもの」、つまり、にぎやかなことの例として清水寺の縁日が登場します。きっとそのころから、大勢の人たちでにぎわっていたんでしょうね。

ベラ：「源氏物語」はマンガで読んだことがあります。日本の貴族の物語で、女性が書いたんですよね。

鈴木：さすがベラさん、よく知っていますね。「源氏物語」は宮廷を舞台にした文学で、作者は紫式部という女性です。「枕草子」の作者も女性で、清少納言という人です。

ホア：いろいろな文学が生まれた時代だったんですね。

鈴木：ええ。漢字をもとにした仮名文字、今のひらがなやカタカナが使われるようになったのも平安時代なんですよ。

ウェイ：そのころの建物がこうして今も残っているのはすばらしいことだと思います。

鈴木：そうですね。奈良や京都はそういう建物が多いので、世界文化遺産になっています。日本にはほかにも、いろいろな歴史を映し出している文化遺産がたくさんありますよ。

TASK F ①～⑥は日本の世界文化遺産です。この中から一つを選び、「世界文化遺産として認められたポイント」「今あなたが住んでいる場所からの交通手段」を調べて発表してください。

① 法隆寺地域の仏教建造物（奈良県）
② 紀伊山地の霊場と参詣道（三重県・奈良県・和歌山県）
③ 原爆ドーム（広島県）
④ 白川郷・五箇山の合掌造り集落（岐阜県・富山県）
⑤ 古都京都の文化財（京都府）
⑥ 琉球王国のグスク及び関連遺産群（沖縄県）

Unit 6　知っておきたい日本の歴史

日本の歴史を物語る場所

世界文化遺産　知っていますか A

日本各地にある世界文化遺産には、さまざまな歴史が映し出されています。あなたは、どの時代のどのような遺産に興味がありますか。

（写真提供：姫路市）

姫路城

兵庫県姫路市にある姫路城は、室町時代には建てられていたと言われています。現在の城は、約400年前、江戸時代の1609年に建築されたもので、1993年、日本で初の世界文化遺産の一つとして登録されました。白く美しい城は、シラサギという鳥が羽を広げた姿にたとえられ、「白鷺城」という愛称でも親しまれています。

（写真提供：岩手県観光協会）

平泉―仏国土（浄土）を表す建築・庭園及び考古学的遺跡群―

2011年に世界文化遺産となった、岩手県平泉町にある中尊寺、毛越寺などの建物や庭園、遺跡群です。平安時代から続く毛越寺では、当時の貴族の遊びであった「曲水の宴」という行事が、毎年5月に行われます。庭園を流れる小川の周りで、平安時代の衣装を着た人たちが和歌を詠む行事です。

（写真提供：大田市教育委員会）

石見銀山遺跡とその文化的景観

島根県大田市にある石見銀山は、鉱山の遺跡としてはアジアで初めて、2007年に世界文化遺産に登録されました。その歴史は、鎌倉時代にまでさかのぼると考えられています。その後、銀の産出量は江戸時代にピークとなりました。鉱山運営は明治時代まで続き、自然環境に配慮した運営であったことが高く評価されています。

写真提供：京王プラザホテル

Unit 7
伝統文化体験
でんとうぶんかたいけん

 知っていますか

このような光景(こうけい)を見たことがありますか。何をしているところだと思いますか。

Section 1

日本には、伝統文化（西洋文化が伝わる以前から存在した文化）と現代文化（西洋文化が伝わってからの文化）が渾然となって存在している。ここでは伝統文化の主なものを取り上げるので、機会があればぜひ体験してみてほしい。自国の文化とは形式的に異なるとしても、精神的に共通するものを発見することができるだろう。

1. 和歌・俳句・川柳

　和歌と俳句、川柳はいずれも、音節の数がポイントなる短い詩歌だ。これらの詩歌を作ることを「よむ」と言い、漢字では「詠む」と書く。

　和歌は5・7・5・7・7の31音節からなる。短歌とも言われ、「一首、二首……」と数える。『万葉集』（7世紀後半～8世紀後半）は、現存する最古の和歌集である。100人の作者の歌を一つずつ集めてカルタにしたものが百人一首だ。

　「一句、二句」と数える俳句は、5・7・5の17音節からなり、「世界で一番短い歌」と言われる。大事なのは季語（季節を表す言葉）を入れることで、どの季節にどのような季語があるかを頭に入れておくと作りやすい。季語は非常に多くの言葉が細かく分類されていて、俳句を詠むときに参考にするための辞典まで存在するほどだ。

　川柳も5・7・5の17音節で俳句と同じだが、季語は入れなくてもよい。

　日本の短歌人口は約30万人、俳句人口は約200万人と言われ、現在も高い人気を保っている。新聞紙上には読者が自分の作品を投稿するコーナーがあり、和歌や俳句に関する書籍も多い。川柳も、ひとつのテーマに沿って楽しいことや苦しいことをおもしろく詠んだ「○○川柳」のようなイベントが定期的に開催されていて大人気である。

季語の例

春：花（桜）　霞　蝶　鶯　麦踏み
夏：新緑　葉桜　蝉　ひまわり　アイスクリーム
秋：紅葉　お月見　銀杏　枝豆　マツタケ
冬：こたつ　おでん　北風　大晦日　スケート

秋の季語になっているコスモス

| TASK A | ①〜③は、それぞれ有名な作者の短歌・俳句・川柳です。どのような気持ちや場面を詠んだのか考えてみましょう。そして、自分で何か一つ作って、クラスで発表してください。 |

①花の色は うつりにけりな いたづらに わが身世にふる ながめせしまに　小野小町

②秋深き 隣は何を する人ぞ　松尾芭蕉

③貧しさも あまりの果は 笑ひ合ひ　吉川雉子郎（吉川英治）

2. 雅楽・盆踊り

雅楽とは日本の伝統的な楽器を用いた音楽で、宮中行事で演奏されるほか、近年は海外でも公演が行われている。宮内庁の演奏は国の重要無形文化財となっている。

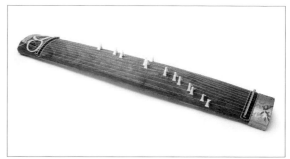

日本らしい楽器の一つ、琴。

日本には5世紀以降、仏教と同時に大陸の舞いや音楽が伝来した。それらが融合して10世紀ごろに雅楽が誕生したと言われている。使われる楽器は雅楽独特のもので、日本に古くからある**笛**や**琴**に加え、外国から伝わった**笙**、**ひちりき**などの管楽器、**琵琶**などの弦楽器、そして**太鼓**などの打楽器を、**舞い（踊り）** に合わせて演奏する。

盆踊りは、雅楽が宮中の芸術であるのと対照的に、農村などで庶民のものとして育った。お盆の時期に死者を迎える行事などに由来するが、現代では宗教的な意味合いは薄れ、各地のお祭りとして定着しているものが多い。徳島県の**阿波踊り**、富山県の**風の盆**などが有名だ。

いずれも笛や三味線、太鼓などの演奏に合わせた踊りで、演奏者や踊り手は**浴衣**や**法被**を着ていることが多いが、一般客は普段着で、誰でも参加して楽しむことができる。

| TASK B | 雅楽や盆踊りで使われる楽器をウェブサイトなどで調べて、どのような楽器があるか発表しましょう。 |

3. 歌舞伎

歌舞伎は戦国時代の終わりから江戸時代の初めに生まれた。舞台装置や役者にいろいろな特徴があり、現在も人気のある伝統芸能の一つで、国の重要文化財である。

歌舞伎の舞台には床に丸い切り込みがあり、そこが回るようになっている。これは、次の場面にすばやく移り変われるようにするための仕掛けで、**廻り舞台**という。そして、舞台から観客席に突き出る形で設けられている通路状の舞台が**花道**。役者を間近で見られ、その表情まで楽しむことができるので、花道に近い席は人気がある。

歌舞伎は、すべての役が男性だけで演じられる。女性の役を演じる役者を**女形**と言い、女形の役者が女性らしく振る舞い、やわらかい声で台詞を言う様子は、女性よりも女性らしいと評されることも多い。一方、男性役の役者は、表情を強く見せるため、顔に**隈取**という模様を入れていることがある。この色は、善人の役は赤系、悪人の役は青系なので、どんな役なのか、遠くからでもその色で判断することができる。

歌舞伎のほとんどの公演は、1回に2つから3つの演目があり、全幕見ると、休憩を含めて約4時間になる。初めて観るのなら、1つの演目だけを見る**一幕見**もお勧めだ。チケットの値段は演目によって違うが、800円から2,000円程度で、全幕分よりずっと安い。また、公演を見ながらストーリーや台詞の内容の解説が聞けるイヤホンガイドも便利だ。

東京の銀座にある**歌舞伎座**は1889年に最初の建物が作られ、現在の建物は2013年に新築されたものだ。和風の造りで、歌舞伎に関する展示を見ることができるギャラリーもある。

現在の歌舞伎座。新築の際には屋根の飾り金物や舞台の部材などを再利用し、奈良および桃山時代から続く優雅な趣が再現されている。最新の建築技術が取り入れられ、文化施設や高層オフィスタワーを併設した建物として生まれ変わった。

（写真提供：松竹株式会社）

Unit 7 伝統文化体験

歌舞伎とテクノロジーの融合

400年以上の歴史を持つ歌舞伎は、現在、古くからの伝統を守り続けると同時に、新しい技術やアイディアを取り入れた舞台を生み出しています。そのような国内外での公演に対し、2017年、内閣府から「第1回クールジャパン・マッチングアワード」グランプリが贈られました。これは、「クールジャパン」の代表的コンテンツである歌舞伎と、他業種の連携が認められたものです。

a

b

a. 2016年にアメリカ・ラスベガスで公演された『KABUKI LION 獅子王』。ワイヤーを付けた役者が空中を移動する「宙乗り」や、プロジェクションマッピングで映し出される舞台背景など、伝統的な手法と最新技術を取り入れたさまざまな演出が、エンターテイメントの本場でも話題を呼んだ。 b. 動画サイト「ニコニコ動画」のイベント「ニコニコ超会議2016」での公演『今昔饗宴千本桜』。リアルな歌舞伎役者とバーチャルの初音ミクが共演した「超歌舞伎」は、会場の観客の人気を集めただけでなく、ネットでも配信され、のべ15万人以上に視聴された。

（写真提供：松竹株式会社）

4. 能楽

能と狂言を総称して能楽と言うが、こう呼ばれるようになったのは明治以降のことで、江戸時代までは猿楽と呼ばれていた。奈良時代に中国の唐から伝わった手品や曲芸などを見せる散楽と呼ばれる大衆芸能が、平安時代に物まねを見せるものに変化し、物まねが上手な猿にちなんで散楽から猿楽になったとも言われている。

セルリアンタワー能楽堂（写真提供：東急文化村）

演目：能「羽衣」／演者：関根祥人（観世流）／撮影：川上良一（写真提供：東急文化村）

その後、鎌倉時代になって、滑稽な物まね芸より、真面目な内容を表現する歌や舞いが多くなった。ここで能（真面目な舞踏劇）と狂言（滑稽な対話劇）に分かれ、現代まで続いてきた。

能は屋根のある特別な舞台で演じられるが、場面を表すような舞台装置はない。観客は、**お囃子**と呼ばれる笛や太鼓の音楽や、役者の動きからストーリーを類推することになる。

役者は**能面**をつけ**能装束**を着る。能面は変身のための一つの手段であり、世界各地に現存する仮面劇とも共通した部分がある。

TASK C 歌舞伎や能楽の舞台を見に行く計画を立ててみましょう。どのような演目を、いつ、どこで、いくらで見られるか、調べてください。

5．茶道（茶の湯）

茶の湯の作法を表す**茶道**という言葉は、江戸時代中期以降に使われるようになった。茶道を完成させたのは千利休（1522〜1591年）で、もともとは堺（現在の大阪府堺市）の商人だった。その後、戦国時代の武将で天下を統一した豊臣秀吉が、利休に高い俸給を与えて、側近として仕えさせた。戦乱に明け暮れた当時の人々の心を静めるために、茶道が効果的だと考えたのだろう。それ以来、茶道は日本人の礼儀作法の一つとして受け継がれている。

茶の湯で使うお茶は**抹茶**で、お茶を入れることは「お茶をたてる」という。お茶をたててもてなす側を**亭主**や**主人**、もてなされる側を**客**といい、亭主にいちばん近い側に正客（主賓）が座る。

客のために、1杯ずつていねいにお茶をたてる。

お茶に合う季節の和菓子をいただく。

6. 華道（生け花）

日本は四季ごとに、美しい自然が姿を変える。昔から日本の人々はその草木の変化を**生け花**という形で写し取り、花に装飾性を持たせ、「**華道**」と呼ばれるまでに、その芸術性を高めてきた。

日本の華道にはさまざまな流派が存在するが、どの流派も家元と呼ばれる指導者がいて、その門弟がいるという構造をしている。そして共通していることは、「生きている草木や花を素材とする瞬間芸術である」といわれる点だろう。「花を通じて自己を表現する」と言われるように、**生け花**は外観の装飾性以上に内容の精神性を大事にしている。

そして今も、大勢の人で混雑する地下鉄の通路に、ガラスケースに守られた生け花があったり、近代的な高層ホテルの入り口に、自然を切り取ったように生けてある花が飾られたりして、人々を安らぎの世界へと導く役割を果たしている。

お正月を迎えるため、道の駅の中に飾られた生け花の大作
（写真提供：都市交流施設・道の駅保田小学校）

TASK D　日本では、町の中のいろいろな場所に、大小さまざまな生け花の作品が飾られています。そのような生け花を見たことがありますか。いつ、どこで、どんな花が生けられていたか、クラスで発表してください。

剣山。ここに茎を刺して生ける

生け花専用のはさみ

その他の伝統文化いろいろ

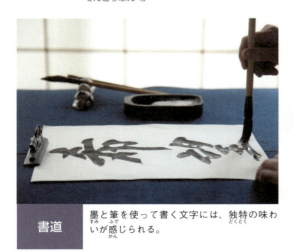

書道　墨と筆を使って書く文字には、独特の味わいが感じられる。

日本舞踊　日本舞踊にもさまざまな流派があり、その数は200を超えるとも言われている。

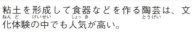

陶芸　粘土を形成して食器などを作る陶芸は、文化体験の中でも人気が高い。

盆栽　小さな植木鉢の中で、樹齢数十年もの植物が美しく育てられる。

TASK E　日本の伝統文化にはほかにも、落語や講談などの話芸、「ジャパンブルー」と言われる藍染めなどの工芸といった、さまざまなものがあります。そしてその多くは、実際に体験したり見学したりすることができます。友達とグループになって、どのような伝統文化を体験したいか相談してください。そして、それを体験できる場所を調べてみましょう。

Unit 7 伝統文化体験

伝統的な色と模様（もよう）

着物や焼き物には、日本の伝統的な色や文様（模様）が使われていて、それぞれ名前があります。

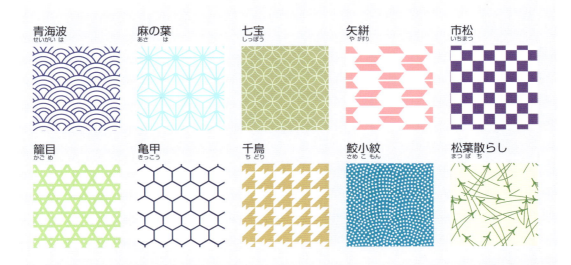

青海波（せいがいは）　麻の葉（あさのは）　七宝（しっぽう）　矢絣（やがすり）　市松（いちまつ）

籠目（かごめ）　亀甲（きっこう）　千鳥（ちどり）　鮫小紋（さめこもん）　松葉散らし（まつばちらし）

この本の各ユニットの扉（とびら）で使っている色は、すべて日本の伝統色です。

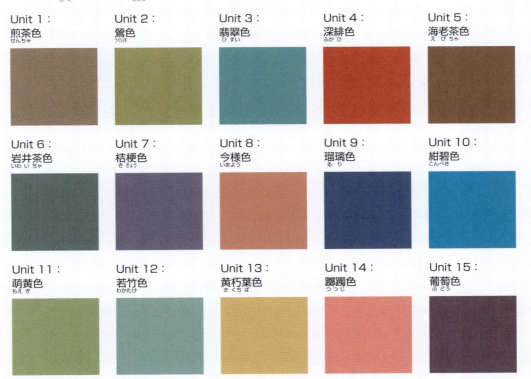

Unit 1: 煎茶色（せんちゃ）
Unit 2: 鶯色（うぐいす）
Unit 3: 翡翠色（ひすい）
Unit 4: 深緋色（ふかひ）
Unit 5: 海老茶色（えびちゃ）
Unit 6: 岩井茶色（いわいちゃ）
Unit 7: 桔梗色（ききょう）
Unit 8: 今様色（いまよう）
Unit 9: 瑠璃色（るり）
Unit 10: 紺碧色（こんぺき）
Unit 11: 萌黄色（もえぎ）
Unit 12: 若竹色（わかたけ）
Unit 13: 黄朽葉色（きくちば）
Unit 14: 躑躅色（つつじ）
Unit 15: 葡萄色（ぶどう）

Section 2

【ゼミ旅行で京都を訪れている。】

鈴　木：皆さん、今日は金閣寺の見学でお茶室を見ましたね。明日は、日本の伝統文化の一つ、茶の湯を体験します。

ウェイ：わあ、うれしいです。一度、あの苦いというお茶を飲んでみたかったんです。

ベ　ラ：先生、茶の湯は礼儀作法が難しいと聞きましたが……。

鈴　木：確かに、茶の湯にはマナーがあります。でも今回は体験ですから、きちんと教えてもらいながら楽しみます。心配しないでね。

ホ　ア：私、着物を着て、お茶を体験したいんですが。

鈴　木：いいですよ。レンタルの着物は3,000円くらいで借りられるし、プロの方に着付けもしてもらえます。じゃあ明日は、みんなで着物の体験もしましょうか。

【翌日。祇園の近くにあるレンタル着物の店で。】

店　員：いらっしゃいませ。レンタルのお着物と帯は、こちらの500点からお好きな柄をお選びいただけます。

リアム：こんなにたくさんあるんですか。私は大きいサイズですが。

店　員：一応Mサイズとしサイズがございますが、いちばん大事なのは袖の長さです。すその長さは調節が可能ですので、どうぞ遠慮なくご相談くださいませ。

ベ　ラ：先生、この模様はどうですか。私に合うでしょうか。

鈴　木：帯がちょっと地味みたいね。ベラさんにはもうちょっと派手な柄のほうが、明るくていいと思うけれど。

ウェイ：先生、男の着物はどれも地味ですね。

先　生：そうですね。男性は女性の引き立て役っていうことかな？　でも、ウェイさん、紺がとても似合ってますよ。

ウェイ：ありがとうございます。

店　員：足袋は皆様へのプレゼントですので、お持ち帰りください。女性の方はヘアセット用の小物もこちらにそろっておりますので、お選びくださいませ。

ベ　ラ：先生、私の髪の色にこのアクセサリー、大丈夫ですか。

鈴　木：ベラさん、とても素敵ですよ！

Unit 7　伝統文化体験

TASK F　日本の着物には、帯や足袋など、特別な小物があります。着物を着るときにはどのようなものが必要か調べてみましょう。

TASK G　日本の着物のような伝統的な衣装にはどんなものがあるか、ほかの国や地域について調べてみましょう。その中から好きな民族衣装を選んで、どのような衣装か、どうしてそれが好きなのか、クラスで発表してください

【そしてお茶室へ。】

鈴　木：茶の湯は、基本的に３つの動作から成り立っています。まず、お菓子をいただく。次に、お茶をいただく。そして、お茶碗を拝見する、です。あとは、先生の真似をしていれば大丈夫。畳に座ると足がしびれる人がいますから、そのときは言ってくださいね。我慢しすぎないこと！

ホ　ア：茶室って、入るところが狭いんですね。

ウェイ：手をつかないと入れませんね。

鈴　木：これは「にじり口」といって、高さが67センチくらい、幅も65センチくらいしかありません。

リアム：どうしてこんなに小さな入り口なんですか。

鈴　木：武士のいた時代、侍は入り口で刀を置かないと中に入れない、つまり、茶室では武士も町人も関係なくみんな対等にお茶を楽しむ、という意味があったようですね。

Unit 7 伝統文化体験

お茶を体験してみよう

（写真提供：京王プラザホテル）

茶室　知っていますか A

77ページの写真はお茶をたてている様子です。茶室は昔は庭園の中に独立して建てられていましたが、最近は、公園やホテルの中などに作られているものもあります。そのような茶室でも、本格的な作法に沿って茶の湯を楽しむことができます。

茶道は、茶室や茶道具、作法などにいろいろな決まりがありますが、初めてでも体験できる場所があります。そのような場所を探して、茶の湯を体験してみましょう。次の動作を順番どおりにすれば大丈夫です。

①自分のお茶（茶碗）が置かれたら、お辞儀をする。
②自分の隣に次の客がいる場合は、自分と次の客との間に茶碗を置いて、「お先に」と言ってお辞儀をする。
③自分の正面に茶碗を置き、亭主に向かって「お点前頂戴いたします」と言ってお辞儀をする。
④右手で茶碗を取って、左手にのせる。「いただきます」という感謝を込めて、そのまま少し茶碗を持ち上げる。
⑤茶碗の正面から飲まないのがマナーなので、右手で時計回り（手前）に2回、左手の上で茶碗をまわす。
⑥お茶を静かに飲む。ただし最後の一口だけは「ずずっ」と音を立ててすする。これは飲み終わったことを示すための礼儀であり、無作法（失礼）ではない。
⑦飲むときに口をつけた部分を親指と人差し指でぬぐい、指先は懐紙で拭き取る。
⑧⑤とは逆に、茶碗を反時計回りに2回、左手の上で回し、自分の正面に置く。

 知っていますか

ここに写っているキャラクターを見たことがありますか。
名前を知っているキャラクターはありますか。

写真提供：ゆるキャラ®グランプリ実行委員会

Unit 8

現代文化とポップカルチャー
げんだいぶん か

Section 1

1. スマートフォンの普及

　日本の電車やバスの中では携帯電話での通話は禁止されているが、電車に乗ると、多くの人がスマートフォン（スマホ）をはじめとするモバイル機器を手にしている。乗客の半分以上はモバイル機器を見つめていると言っても過言ではないほど、うつむいて操作している人が多い。また、イヤホンを付けている若者も目に付く。モバイル機器を使って、好きな音楽を聞いたり、動画を見たりしているのだ。

　モバイル機器の中でも、スマートフォンを持っている人が激増している。2014年の調査結果を年代別に見ると、10代は68.6％、20代は94.1％、30代は82.2％、40代は72.9％、50代は48.6％、60代は18.3％となっており、特に20代の利用率の高さが目立つ。20代は、大学生になってアルバイトをしたり、就職したりして、自分の判断で好きな物が買える世代であり、また、友人同士の連絡にスマホが欠かせないツールになっている世代だからだともいえるだろう。

主なモバイル機器の利用率

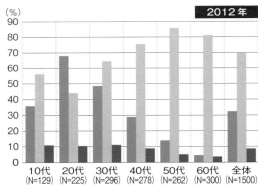

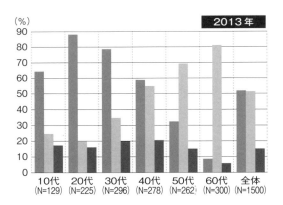

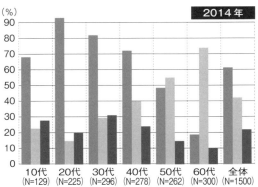

（出典：総務省情報通信政策研究所「情報通信メディアの利用時間と情報行動に関する調査報告書」より）

Unit 8 現代文化とポップカルチャー

TASK A あなたの国のモバイル機器利用率を調べてみましょう。左ページの下の表と比べて、日本との違いはありますか。グループでディスカッションしてください。

　スマホの利用率が伸びた理由の一つは、その機能の多様性だろう。アプリをダウンロードすることで利用できる機能はさまざまなので個人差があると思うが、多くの人が使うアプリの機能を挙げてみよう。
　□音楽・動画のダウンロードや再生
　□ウェブの閲覧
　□電子メールの送受信
　□電話・テレビ電話
　□時計（アラーム）
　□地図や乗り換え案内検索
　□SNS
　□ゲーム
　□電子書籍
　□静止画・動画の撮影や再生・編集
　□語学や資格の学習
　□個人情報（スケジュールや住所録）管理
　□オンラインショッピング

　電車の中で新聞や本を広げている人が減ったと言われるが、それは読者が減ったのではなく、そのコンテンツを読む手段がスマホに移行しているからだとも考えられる。
　10年後には大部分の世代がスマホを手にするという予測が成り立つ。技術の開発が進む中で、いずれはスマホに代わる機器が登場するのかもしれないが、現時点では、「スマホを手放せない」「失うのがいちばん怖いものはスマホ」と言い切る人たちもいるほど、スマホは利用者にとって大切なものとなりつつある。

TASK B あなたはスマートフォンを使ってどのようなことをしていますか。何をすることが多いか、順番に書き出してください。また、友達5人に5位までを聞き、何に使われているか、リストを作成しましょう。

2. 高まる日本アニメへの評価

　海外で「クールジャパン」と呼ばれるものの中でも、日本のアニメやマンガは特に人気が高い。では、どんな作品が人気なのだろう。

　海外には、日本のアニメ映画の人気ランキングを紹介しているウェブサイトがたくさんある。そのいくつかを見てみると、必ず上位に入っているのがスタジオジブリの作品だ。宮崎駿監督の「千と千尋の神隠し」は日本で公開されたアニメ映画歴代興行収入第1位の名作で、第75回アカデミー賞アカデミー長編アニメ映画賞や第52回ベルリン国際映画祭の金熊賞を受賞したことで、世界的に知られている。ジブリ作品はほかにも、「ハウルの動く城」や「もののけ姫」などが人気を集めている。

　そして、2016年に公開されて大ヒットしたのが、新海誠監督の「君の名は。」だ。都会に住む少年と地方に暮らす少女の不思議な交流を描いたこの作品は、海外でも次々に公開され、大勢の観客を動員している。

　これらの作品に共通していることは、どれも大人の鑑賞に堪える内容を持った、高品質の芸術文化であるということだろう。

　アニメをはじめ、マンガやゲームなどのコンテンツは、今や歌舞伎や能楽などの伝統芸能と並んで日本を代表する文化であり、「クールジャパン」として認識されている。自動車や電気製品と同様、重要な輸出製品になっているとも言える。学生たちに日本に留学する理由をたずねると「日本のアニメを見たから」「ドラえもんに会いたかったから」などという答えを聞くことも多い。世界中に「ポケモンハンター」があふれ、今後もアニメやマンガ、ゲーム人気はますます高まりそうである。

『小説 君の名は。』（著者：新海誠／角川文庫刊）。名作映画の多くは、小説やビジュアルガイド、コミック、主題歌CDなど、さまざまな関連商品も高い人気を呼んでいる。

TASK C あなたは「クールジャパン」という言葉を知っていますか。この言葉からどのようなことが思い浮かびますか。クールジャパンについて調べ、あなたがいちばん興味を持ったものを紹介してください。

Unit 8 現代文化とポップカルチャー

3. 国境を越えるポップミュージック

　アニメやゲームでは、作品そのものだけではなく、テーマソングやそれを歌っているアーティストの人気が高まることが少なくない。そしてそのような曲を、最近はCDではなく、インターネットでダウンロードして買う人が増えている。インターネットを通して音楽の購入や再生が簡単になった現在、動画サイトで公式に音楽を配信している日本のアーティストも多い。昔から言われてきた「音楽に国境はない」という表現のとおり、今、日本の音楽は国を越えて楽しまれるようになってきている。

TASK D あなたは日本の音楽を聞くのが好きですか。好きな歌手や曲について、どのようなところが好きなのか、クラスで発表してください。また、あなたの好きな自国の音楽について紹介してください。

日本のアニメーションの歴史を知る

　日本初のアニメーション映画が作られてから、2017年で100周年。東京にある**杉並アニメーションミュージアム**では、日本のアニメの歴史がわかる展示を無料で楽しむことができます。

　ライブラリーにはさまざまな書籍やDVDがあり、アニメに関するイベントやワークショップも行われています。

a. コンピューターなどを使ってアニメーションの原理が理解できる
b. 実際のアニメーションに合わせて声優にチャレンジできるアフレコ体験コーナー

Section 2

【休日。ベラとホアが原宿でショッピングを楽しんでいる。】

ホ　ア：ベラが日本に留学するきっかけは何だったの？

ベ　ラ：ええとね、日本のアニメが大好きで、アニメの国に来てみたかったから。

ホ　ア：へえ、そうなんだ。もしかして、ポケモンも理由の一つ？

ベ　ラ：うん、そうだね。あとは、アニメやゲームのキャラクターのコスプレをしてる人たちの写真をネットで見て、かわいいなあって思って。

ホ　ア：原宿にはほかにも、かわいいファッションの女の子がいっぱいいるよね。あ、あとで渋谷も行かない？　スクランブル交差点が見てみたいんだ。

ベ　ラ：うん。私も行ってみたい。

ホ　ア：あ、ねえ、あそこになんか変なのがいる。ぬいぐるみかなあ。

ベ　ラ：ああ、あれ、ゆるキャラじゃない？

ホ　ア：ゆるキャラ？

ベ　ラ：そう。日本の全国各地にいる、その町のマスコットキャラクター。あそこで観光のキャンペーンしてるんじゃないかな。

TASK E 日本全国の「ゆるキャラ」をウェブサイトで検索し、好きなものを一つ選んで、そのキャラクターについて説明してください。

Unit 8 現代文化とポップカルチャー

【リアムとウェイが、今度の日曜日にどこに行くか相談している。】

リアム：じゃあ、最初に行くのは秋葉原だね。何か探しているものある？

ウェイ：うん、母に日本の電気釜を買って帰りたいんだ。

リアム：中国じゃ買えないの？

ウェイ：たぶん、日本のもののほうが上手にご飯が炊けるんだと思う。あと、父にオーディオも見ておかなくちゃ。

リアム：僕はコンピュータの部品を探すから、じゃあ、それぞれ買い物が終わってから、秋葉原の駅で3時に待ち合わせようか。

ウェイ：そうだね。

リアム：秋葉原には、ありとあらゆる電気製品を売ってる店が600軒もあるんだって。それに楽器屋や本屋もあるし、アニメのキャラクターグッズの店も多いらしいよ。お互い、目的のものが見つかるといいね。

ウェイ：うん。もし買い物に時間がかかって待ち合わせに遅れそうになったら、LINEで連絡するよ。

リアム：そうだね。で、そのあと、渋谷か六本木に行って何か食べようか。

TASK F 東京か大阪で買い物や食事をするとしたら、あなたはどの町に行きますか。友達とペアになって、一緒に出かける予定を立ててみましょう。待ち合わせる時間と場所を決めて、そのあとどうするか相談してください。

東京・渋谷のスクランブル交差点。多いときには、一度に約3,000人の人が行き来する。

Unit 8 現代文化とポップカルチャー

キャラクター大集合！

（画像提供：ゆるキャラ®グランプリ実行委員会）

地方を元気にするキャラクター

知っていますか Ⓐ

　89ページに写っているのは、2016年の「ゆるキャラグランプリ」で入賞した、日本の各都道府県のゆるキャラたちです。「ゆるキャラグランプリ」とは、「ゆるキャラで地域を元気に！」「ゆるキャラで会社を元気に！」「ゆるキャラで日本を元気に！」の3つをテーマとした、年に一度のお祭りです。日本の各地で活躍しているたくさんのゆるキャラが集まって、投票によってグランプリが選ばれます。

　ゆるキャラの中には、アニメやマンガのキャラクターにも負けないぐらいの人気があるキャラクターもあります。

●出世大名家康くん（静岡県）
●ぐんまちゃん（群馬県）
●ぽすくま（東京都）
●チュッピー（岡山県）
●しんじょう君（高知県）
●はにぽん（埼玉県）
●さのまる（栃木県）
●いまばりバリィさん（愛媛県）

●くまモン（熊本県）

Unit 9
スポーツの楽しみ方

Q 知っていますか

ここはどこだと思いますか。
何をする場所か知っていますか。

Section 1

1. 相撲
すもう

　相撲に関する記述は『古事記』（712年）や『日本書紀』（720年）にも登場し、日本では8世紀ごろから存在していたと考えられる。その後、奈良時代に朝廷行事として定着し、鎌倉時代から戦国時代にかけて武士に奨励されるようになった。そして江戸時代になると、相撲を職業とする力士が登場し、庶民の娯楽として人気が定着した。このように、相撲は長い歴史の中で育った日本のスポーツであり、事実上の国技となっている。

　相撲は、2人の力士が土俵で組み合って勝負する。相撲の勝負をすることを「相撲を取る」、試合のことを「取組」と言う。相撲を取るとき、力士はまわし以外は何も身に着けない。そして、体の足の裏以外の部分が地面につくか、土俵から出されたほうが負けだ。あっという間に勝負が決することもあれば、2人の実力が互角で数分間も勝負がつかないこともある。また、レスリングやボクシングとは異なり体重別ではないので、勝負はあくまで技のぶつかり合いだ。小さい力士が大きな力士に勝ったときに観客から大きな拍手が起きるのは、「技」に対する拍手だろう。技の種類は48もある。

 TASK A　日本の遊びの中には、「指相撲」や「腕相撲」など、「相撲」という名前がついたものがいろいろあります。遊び方やルールを調べて、友達と楽しんでみましょう。

大相撲
おおずもう

　江戸時代に始まった興行としての相撲の伝統は、現在、日本相撲協会が行っている大相撲に引き継がれている。東京都墨田区にある国技館は、大相撲の興行のために作られた建物だ。

　「場所」と呼ばれる年6回の興行のうち、3場所（1月、5月、9月）はこの国技館で行わ

開催月	正式名称	通称	開催地
1月	一月場所	初場所	国技館
3月	三月場所	春場所	大阪府
5月	五月場所	夏場所	国技館
7月	七月場所	名古屋場所	愛知県
9月	九月場所	秋場所	国技館
11月	十一月場所	九州場所	福岡県

れる。残りの3場所は地方開催で、3月が大阪、7月が名古屋、11月が福岡で開催される。一場所の期間は15日で、力士は毎日違う相手と取組を行う。1年に6回の場所があるため、力士たちは一年のうち90日間、土俵の上で対戦していることになる。本場所以外に地方巡業もあるため、プロとは言え、実に大変な努力が必要だろう。

Unit 9 スポーツの楽しみ方

大相撲の力士は髷を結っている。日本人男性の髪形は江戸時代まで髷だったが、現代の日本で髷を結うのは力士ぐらいだ。

土俵に上った力士は、清めの塩をまき、勝負に入る前に、昔から伝えられた作法である四股を踏む。幕内力士（横綱、大関、関脇、小結、前頭）の場合、土俵に上ってから取組までの制限時間は4分と決められていて、力士たちはその短い間に気力を集中して、力いっぱい技をぶつけ合う。

取組の勝負の判定は軍配を手にした土俵上の行司が行うが、土俵の下にも5人の勝負審判がいる。

大相撲には熱狂的なファンも多く、日本を代表するスポーツとして、これからも人気が衰えることはないだろう。

大相撲の土俵

TASK B　大相撲の力士の名前は「四股名」といいます。本当の名前を使う人もいますが、ほとんどの力士は、「山」や「海」のようによく使われる漢字と好きな言葉を組み合わせたり、出身地の地名を取り入れたりして、特別な名前を付けます。自分が四股名を付けるとしたら、どんな名前にしますか。好きな名前を考えてください。

例：オーストラリアを意味する漢字「豪州」と「山」を組み合わせて「豪州山」

大相撲で使う文字

大相撲では、力士の名前などを書くときに、特別な種類の文字を使います。これは江戸時代によく使われた文字の形で「江戸文字」といい、大相撲で使うものは「相撲字」と呼びます。力士の名前を書いた番付表では、地位が上の力士ほど大きい文字で書かれています。

横綱　大関　関脇　小結　前頭

2. 野球人気に見る地元愛

　日本には12のプロ野球チームがある。セントラル・リーグ（セ・リーグ）とパシフィック・リーグ（パ・リーグ）6球団（チーム）ずつに分かれ、それぞれのペナント（優勝旗）を競って年間約140試合を戦う。そして、それぞれのリーグを勝ち抜いた2チームが日本一を競って戦うのが日本シリーズだ。この試合はテレビなどで実況中継され、日本中が野球ファンになったかと思うほどの盛り上がりを見せることもある。

　プロ野球はスポーツであると同時にビジネスであり、ファンのために「見せる」スポーツである。そしてそこには、チームの中での協力、練習を重ねる勤勉性、監督や先輩選手を尊敬する年功序列制、メンツを尊重する精神など、日本社会の良い意味での特徴がすべて入っていると言える。日本社会は少しずつ変容しているが、プロ野球が人気スポーツであり続ける理由の中には、日本人がそうした長所を野球の中に見出しているからなのかもしれない。

　各チームにはそれぞれ「ホームグラウンド」と呼ばれるその球団専用の球場があり、全国各地に散らばっている。たとえば、西武ライオンズは正式名称を「埼玉西武ライオンズ」と言い、埼玉県に専用球場がある。筆者は東京都の西方に住んでいるので、沿線にある西武球場に行って試合を見ることがある。涼しい夜風に吹かれながら家族で楽しむ夏のナイトゲームは、暑さを忘れる楽しみの一つとなっている。

　地元チームを熱心に応援するのは高校野球でも同じだ。高校野球は、春と夏の年2回、各都道府県の代表になった高校が甲子園球場で優勝を目指して戦うもので、地元からもたくさんの応援団が駆けつける。東京や大阪などの大都市で働いている人も、その時ばかりは自分の出身地の高校を応援する人がほとんどだ。

　野球はアメリカから伝わったスポーツだが、「野球」という言葉が日本語としてすっかり定着したように、今や日本人がこよなく愛するスポーツの代表格となっている。

TASK C 日本で野球の試合を見に行くとしたら、どこの球場で、どのチームの試合を見たいですか。球場の場所や入場料などを調べて、その試合が見たい理由と一緒に、クラスで発表してください。

Unit 9 スポーツの楽しみ方

3. 世界で活躍する日本人選手、日本で活躍する外国人選手

　高校野球や大学野球からプロ野球にスカウトされ、その後、アメリカのメジャーリーグに渡って活躍する選手が増えている。日米で数々の記録を残しているイチロー選手は、実力、人気ともに世界で認められている一人だ。

　野球以外でも、サッカーやテニス、フィギュアスケート、卓球など、プロアマを問わず、数多くの選手が、国際試合ですばらしい成績を残している。

　そして同時に、日本国内においても、外国出身の選手が欠かせない存在となっているスポーツは多い。中でも大相撲では大勢の外国出身力士が活躍していて、いちばん強い地位の横綱が外国人であることも珍しくなくなった。外国人力士も髷を結うと不思議とよく似合うのは、スポーツには国境がないことの表れだろうか。

TASK D あなたが知っている日本人のスポーツ選手を3人挙げてください。その後、ペアを作って、友達にその選手を紹介しましょう。そして、友達が紹介した選手について、どのような選手か、友達に詳しくインタビューしてください。

日本の野球の歴史を知る

　日本にアメリカから野球が伝えられたのは明治初期、1872年のことでした。「baseball（ベースボール）」という英語は「野球」という言葉に訳され、日本人に最も親しまれているスポーツの一つとなっています。

　東京にある**野球殿堂博物館**は、そのような日本の野球に関する歴史や情報を知ることができる、日本でただ一つの野球専門の博物館です。各チームのユニフォームや有名選手のサインなどを見ることができます。

a. 王貞治をはじめ、大きな記録を作った選手のユニフォームなどが展示されている。
b. 殿堂入りした選手たちのレリーフが並ぶ館内。

（写真提供：公益財団法人野球殿堂博物館）

Section 2

佐藤：みんなは、日本で人気があるスポーツっていうと何を思い浮かべる？

ウェイ：日本のスポーツっていったら野球でしょうか。

ホア：私はサッカーだと思います。Ｊリーグ、かっこいいです。

リアム：相撲じゃないですか。テレビで相撲が始まると、ホストファミリーはみんなで応援していますから。

佐藤：みんな当たり！ じゃあ、「見るスポーツ」じゃなくて「するスポーツ」ならどうだと思う？ 野球、サッカー、相撲、どれも観戦する人は多いけど、自分でするっていう人は実はそんなに多くないんだ。

ベラ：え、そうなんですか。河原で子どもたちが野球をしているのをよく見ますけど。

佐藤：それは日曜日じゃないかな。普通の日は、散歩をしている人が多いんじゃない？

ベラ：あ、はい。そういえば、ウォーキングをしている人、多いですね。もっと早い時間に、公園で体操をしている人たちを見たこともあります。

佐藤：ああ、それはラジオ体操だね。日本人ならだれでも知ってる体操で、健康づくりのために続けてる人も多い。日本人の半分以上は、そういうふうにウォーキングや軽い体操をしてるんだ。

リアム：野球やサッカーはしないんですか。

佐藤：ある調査の結果だと、野球をする人の割合は10位、サッカーは11位。

ベラ：え、じゃあ、2位から9位にはどんなスポーツが入ってるんですか。

佐藤：それが今日の問題。調べてみようか。

Unit 9 スポーツの楽しみ方

TASK E 日本人5人に、下の表のスポーツについて「いつもしている＝○」「時々する＝△」「めったにしない＝×」を答えてもらい、その理由をインタビューしましょう。その後クラスでアンケート結果を集計して、「いつもしている」と答えた人がいちばん多かったスポーツを調べてください。下のグラフの順位と一致しましたか。

	さん	さん	さん	さん	さん
ウォーキング・軽い体操					
ボウリング					
水泳					
器具を使ったトレーニング					
ジョギング・マラソン					
登山・ハイキング					
サイクリング					
つり					
ゴルフ					
野球					
サッカー					
その他（スキー・スノーボード、バドミントン、卓球、テニス、バレーボール、バスケットボール、ソフトボール、ゲートボール、剣道、柔道など）					
そのスポーツをする理由					

日本人がよくするスポーツ

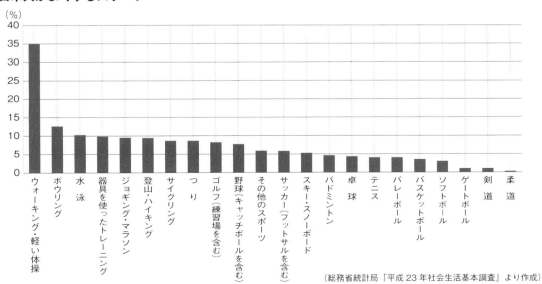

（総務省統計局「平成23年社会生活基本調査」より作成）

Unit 9　スポーツの楽しみ方

大相撲を見てみよう

国技館

　大相撲が開催される国技館には大勢の観客が訪れます。満員になった日には、下の写真のような「満員御礼」の幕が下ろされます。

　大相撲は、毎日、テレビでも中継されます。力士の動きや表情がよくわかり、スポーツとしてのおもしろさだけでなく、日本の伝統文化として楽しむこともできるでしょう。

a. 2階の最後列までお客さんでいっぱいになる。　b. 東京の両国にある国技館。遠くにスカイツリーが見える。相撲に関する資料が展示されている相撲博物館では、力士が身に着ける化粧まわしや、力士の名前が書かれた番付などを見ることができる。
c. 場所が開催されている間、国技館の外には、力士を応援する幟（旗のようなもの）が立てられる。

> **Q 知っていますか**
>
> これは、1960年代に放送された『鉄腕アトム』というアニメの一場面です。人間と同じように言葉を話すロボットが主人公です。このロボットのように、かつては夢だったものが現実になったことには、どんなものがありますか。

©手塚プロダクション・虫プロダクション

Unit 10

前進を続ける科学技術

Section 1

1. 日本の科学技術政策

　日本の科学技術政策は「科学技術基本計画」に沿って実行される。しかし、国としての予算は、他国と比較すると決して多くはない。科学技術大国であるアメリカや中国との差は明らかだ。これほど大きな開きがあると、研究が立ち遅れるのではないかと心配になるほどである。

TASK A　下のグラフを見て、日本と自分の国、ほかの国の政府研究開発予算の額を比較してください。また、各国の予算額と次の①〜③の関係について考え、気がついたことを、グループで話し合ってみましょう。

　　① ノーベル賞の受賞数
　　② 宇宙関連事業
　　③ 世界的な製品の開発

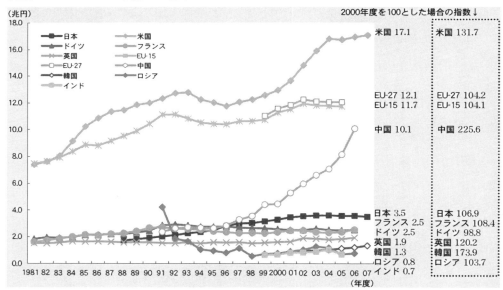

各国の政府研究開発予算額の推移

（文部科学省：平成20年版 科学技術白書より）

Unit 10　前進を続ける科学技術

2. 科学技術が生み出すイノベーション

　日本の科学技術というと、ノーベル賞を受賞するような研究開発や最先端の宇宙工学などに目が向きがちだ。しかしその一方で、伝統的な「ものづくり」の精神と最新技術を追求する姿勢が融合して、さまざまな規模の企業や研究機関がイノベーションを生み出している。

　日本の企業として世界に知られている会社のほとんどは大企業だ。しかし中小企業の中にも、世界に誇る製品を開発・輸出している会社が数多く存在する。それらの企業は、技術力を生かして独自の発明品を製品化するなどしている。

　針を極限まで細くすることで痛みを感じさせないようにした注射針や、超小型カメラが内蔵されたカプセルを飲み込むだけで体内の撮影ができる内視鏡カメラなどは、中小企業やベンチャー企業によって開発され、世界的なシェアを獲得した。

　ほかにもさまざまな分野の企業が、世界に貢献するような商品を生み出している。作っている会社の名前は知らなくても、その製品は使ったことがある、見たことがある、というものが多いのではないだろうか。

３Dプリンタ

　今まで「プリンタ」というと、文字や画像の二次元データを紙に印刷するものをだったが、最近は「３Dプリンタ」への注目が高まっている。３Dプリンタとは、三次元（３D）データをもとに樹脂などを加工して立体的に造形する機器のこと。この方法で制作したアニメキャラクターのフィギュアが販売されたり、企業が自社製品のサンプルや販促グッズを作ったり、さまざまな場面での応用が広がっている。製作を体験できるイベントやワークショップも人気だ。

　そしてなんといっても、３Dプリンタがその威力を発揮しているのが医療分野だ。例えば手術のとき、事前に３Dで撮影した患部の画像を立体にすることで、医師が手術方法を検討したり、患者に病状を説明するときの資料にしたりできる。医療の現場への活用は、これからさらに広がっていくだろう。

TASK B　医療分野での３Dプリンタの活用例を調べ、あなたが気になったものを一つ、クラスで紹介してください。まだ開発中のものでもかまいません。なぜそれを選んだのか、理由も一緒に発表してください。

プラネタリウム投影装置

　だれでも一度はプラネタリウムでドームの天井に映し出される星空を見て感動したことがあると思う。宇宙に関するさまざまな商品を開発してきた五藤光学研究所では、2014年に世界で初めて、肉眼で見ることができる約9,500個の星すべての色を再現したプラネタリウム「ケイロンⅢ」を開発した。この製品のシリーズは国内外の科学館などに数多く導入されている。

　1959年に日本初のプラネタリウムを開発した同研究所のこれまでの製品納入数は、小型から超大型まで合わせて1,000台を超える。「科学的に正しく、かつ、美しい星空」の再現を目指してきた五藤光学研究所製のプラネタリウムは、これからも世界中の人たちの上で輝き続けることだろう。

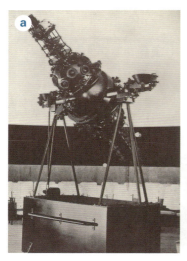

a. 1959年に製造されたM-1型　b. 札幌市青少年科学館に導入されているケイロンⅢ　c. 同科学館で映し出される星空

（画像提供：五藤光学研究所）

長期保存が可能なパンの缶詰

　地震の多い日本では、いつ起きるかわからない災害に備えて非常食を準備しておくことが重要だと考えられている。非常食というと、硬いカンパンやお湯をかけて食べるごはんが主流だったが、最近注目されているのが、パン・アキモトが開発したパンの缶詰「PANCAN」だ。

ストロベリーやオレンジなど、いろいろな味がある

（写真提供：パン・アキモト）

　これまで、パンは長期保存が難しく、非常時には手に入りづらいものだった。しかしこのパンの缶詰は賞味期限が最長で37か月もあり、ふたを開けると、ふわっとしたパンが飛び出す。被災地への緊急支援や国際協力にも活用されている。また、なかなか買い物に行けないお年寄りにとっても、いつでも柔らかいパンを食べることができるすばらしい発明品だ。

（写真提供：パン・アキモト）

TASK C 新しい技術やアイディアを生かした製品の中で、あなたがいちばん感動したもの、すばらしいと思ったものは、どのような製品ですか。その製品の特徴を紹介する文を、自分の言葉で200字で書いてください。

日本のロボット技術の原点？

　日本では、江戸時代に「からくり人形」と呼ばれる人形が人気を集め、盛んに作られました。今で言うロボットのような人形です。両手に持ったお盆にお茶碗をのせると、そのお茶を客の前まで運ぶ人形が有名ですが、そのほかにもいろいろな仕掛けのある人形があります。

　これらの人形は、金属を使わず、ほとんど木で作られているのが特徴です。日本のものづくりの原点の一つは、このようなからくり人形にも見ることができます。

a. お茶を運ぶからくり人形　**b.** 馬に乗って遊ぶ子供の人形の内部

（撮影：コデラケイ　写真提供：nippon.com）

Section 2

【東京にあるTEPIA先端技術館で。】

佐　藤：さあ、今日はみんながいちばん関心のある、日本の先端技術を見学しよう。まずどこから見たい？

リアム：先生、「テクノロジーショーケース」って何でしょう。ちょっと興味があります。

佐　藤：じゃあ、そこから見ることにしようか。

＊＊＊＊＊

アテンダント：こちらのコーナーでは、人類をとりまくさまざまな制約を打ち破る技術を、3つの分野に分けてご紹介します。1つめが「時間・空間の制約を超える」、2つめが「自然の制約を超える」、そして3つめが「身体の制約を超える」です。

ベ　ラ：時間や空間を超える？　どういうことですか。

アテンダント：では、まずこのロボットをご覧ください。このロボットは皆さんの分身です。たとえば、家族が海外の遠く離れた場所にいたり、お友達が入院しているけれどお見舞いに行けないときなどに、このロボットが皆さんの代わりを務めます。

佐　藤：具体的には、どんなことをしてくれるんですか。

アテンダント：このロボットにはウェブカメラやマイクが内蔵されているので、その人の顔を見ながらスピーカーを通じて会話することができるんです。

ベ　ラ：へえ。でも、ロボットだから、うれしいときも悲しいときも同じ顔なんですよね。

Unit 10 前進を続ける科学技術

アテンダント：そうなんです。相手の表情を思い浮かべながら話せるように、ロボットはあえて無表情になっているんです。でも、うなずいたり、手をあげて「やあ」と言ったりすることはできるんですよ。

リアム：すごい。早く僕もこんなロボットが買えるようになるといいな。

アテンダント：では、こちらのロボットはどうでしょう。皆さんがこのロボットに、映画や音楽の感想、好きな本、好きな映画俳優などを伝えることで、皆さんの心の微妙な変化を人工知能が読み取ります。そして、皆さんがどんな人なのかをそれらの情報の中から学習し、一人一人に合った「お誕生日に行くレストラン」「友達に贈る花束を選ぶ店」「勉強しやすい図書館」などを教えてくれるんです。

ベラ：わあ、親友になれそうですね。でも、あまり心の中を読まれると、自分の知らない自分が見えて怖いかも。

＊＊＊＊＊

佐藤：次は、3つめの「身体の制約を超える」を見てみよう。人は年をとると、重い物を持つのが苦手になるよね。でもこれを使うと、重い物も楽に持ち上げられるらしい。介護の分野とかで活躍しそうだよね。

ベラ：スーツのように着るだけで、筋肉の補助をしてくれるんですね。私がおばあさんになったとき、こんなのがあるといいな。

TASK D

あなたがロボットを開発するとしたら、どのような機能を持ったロボットを作りたいですか。その機能やロボットの名前などをパワーポイントにまとめて、プレゼンテーションをしてください。

TEPIA先端技術館は、人々の生活を支えたり社会を豊かにしたりするために生まれた最新技術を体験することができる、入場無料の展示施設です。

事前に見学ツアーを申し込んでおくと、アテンダントに展示物を解説してもらえる。　　　（写真提供：TEPIA先端技術館）

Unit 10　前進を続ける科学技術

科学技術と人間の未来

活躍するロボットたち

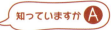

『鉄腕アトム』の主人公アトムは、優しい心を持った少年のロボットです。このアニメの原作マンガが描かれた1950年代は、ロボットが言葉を話すというのは夢のようなことでした。しかし現在では、いろいろな場面でロボットが活躍しています。例えば長崎県にあるテーマパーク「ハウステンボス」の「変なホテル」では、3体のロボットがフロントの仕事を担当しています。

あなたはどんなロボットに会ってみたいですか。

a. ソフトバンクロボティクスが販売している人型ロボット「Pepper（ペッパー）」。（写真提供：ソフトバンク）
b. 「変なホテル」のフロント
c. フロントにいる「ゆめこさん」
d. もう一人のフロントの「希望くん」
e. 「変なホテル」クローク。荷物を預けると、ロボットが丁寧にロッカーに入れる様子を見ることができる。

（b〜e 写真提供：ハウステンボス）

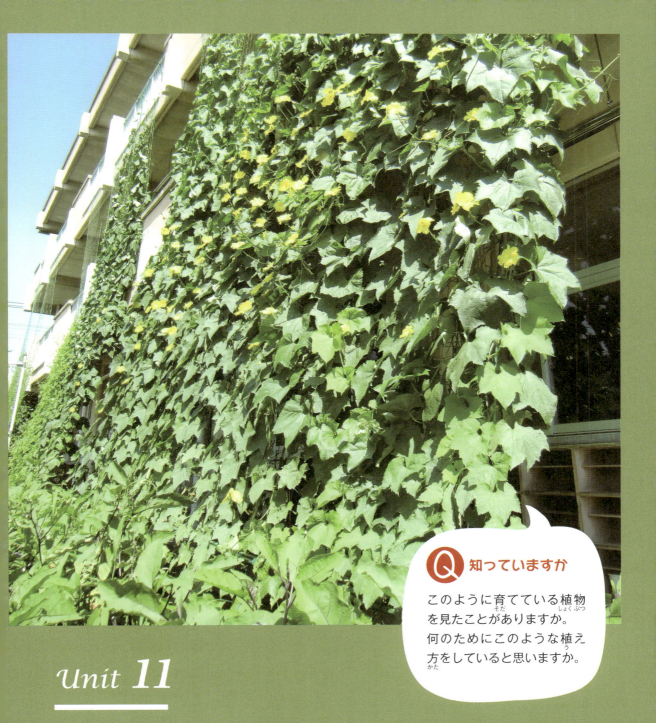

Q 知っていますか

このように育てている植物を見たことがありますか。
何のためにこのような植え方をしていると思いますか。

Unit **11**

地球のためにできること

Section 1

1. 地球温暖化防止に向けて

　私たちの住む地球は、20世紀の終わりから、大気や海水の平均温度が上昇し、次のような影響が出てきている。

　①北極の氷が溶け出している。
　②生態系に変化が起き、珊瑚礁が北極（または南極）方向へ移動している。
　③海面の上昇によって、海岸線が侵食されている地域がある。

　これらは、車の排気ガスなどの温室効果ガスが原因だとされている。そこで、1997年、このような気候変動問題に取り組むために各国政府の代表者が京都市に集まり、「国連気候変動枠組み条約の締約国会議（COP3：Conference of Parties）」が開催された。そして、主に二酸化炭素を地球上からどのようにして減らせばよいか、また先進国はどの程度削減するべきかが話し合われ、「京都議定書（Kyoto Protocol）」が採択された。この中で日本は「温室効果ガスを2008年から2012年の間に、1990年比で約6％削減すること」が義務付けられ、その目標を達成した。

　しかし、21世紀末には約5℃の温暖化が進むことが予想されていて、世界的に大きな損失が生じると心配されている。

世界の地上気温の経年変化（年平均）

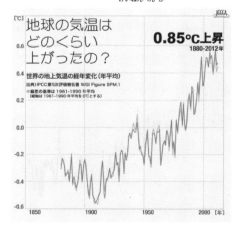

（出典：IPCC第5次評価報告書　全国地球温暖化防止活動推進センターウェブサイト http://www.jccca.org/ より）

温室効果ガス総排出量に占めるガス別排出量

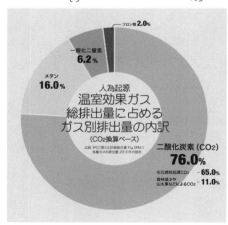

（出典：IPCC第5次評価報告書より作成　全国地球温暖化防止活動推進センターウェブサイト http://www.jccca.org/ より）

Unit 11 　地球のためにできること

TASK A ①～⑥のキーワードを使って、あなたの国では温暖化防止のためにどんな取り組みをしているか、調べて発表しましょう。

①化石燃料（石油、石炭、ガス）　②温室効果ガスの濃度　③気温上昇
④地下資源の枯渇　　　　　　　　⑤省エネ対策　　　　　⑥電力使用量を減らすこと

2. 温室効果ガス削減への取り組み

　日本でも、社会のあらゆるところで環境対策が始まっている。例えば家庭では、燃やせるゴミ・燃やせないゴミ・資源をきちんと分別することや、買い物には繰り返し使えるマイバッグを持参してレジ袋を使わないことなどで、ゴミの減量と資源の再利用ができる。スーパーなどではレジ袋を有料にすることで、マイバッグ持参者を増やす努力をしている。

　冷蔵庫の開け閉めの回数を減らしたりエアコンの温度調整に気をつけたりすることで、節電も可能だ。各電器メーカーでも、このような環境を考えた新製品を次々と開発している。

　自治体では、ゴミの焼却時に出る熱を温水プールや施設の暖房に利用したり、太陽光発電システムの設置に補助金を出したりしているところも多い。官公庁などでは、クールビズ・ウォームビズを積極的に推進し、政府もエコカー減税を導入するなど、温室効果ガス削減のため、国を挙げてさまざまな取り組みを続けている。

世界の二酸化炭素排出量（2013年）

（出典：EDMC／エネルギー・経済統計要覧2016年版　全国地球温暖化防止活動推進センターウェブサイト http://www.jccca.org/ より）

町の中に置かれているゴミ箱も、分別して捨てられるようになっている。

TASK B 日本では、ゴミや資源の分別・回収方法は自治体によって異なります。一方、スウェーデンでは、エコに対する取り組みが早くから行われ、国内で統一した基準があります。これらの例と、今あなたが住んでいる場所、あなたの出身地を比べて、違う点や同じ点を発表してください。

	人口	分別の種類	回収方法
東京都港区	約25万人	①燃やせるゴミ ②燃やせないゴミ ③資源 ・びん ・缶 ・古紙 ・ペットボトル ・資源プラスチック	回収車が回収する
スウェーデン	約988万人	①生活ゴミ（生ゴミも含む） ②新聞・雑誌 ③紙容器・牛乳パック・ダンボール類 ④プラスチック類 ⑤びん（色付き） ⑥びん（透明） ⑦メタル ⑧使用済みバッテリー	
今あなたが住んでいる場所			
あなたの出身地			

3. 3Rとは？

エコ対策で使われる「3R」という言葉は、英語のReduce（リデュース）、Reuse（リユース）、Recycle（リサイクル）の頭文字を表している。

①リデュース：製品の使用後に出るゴミが少なくなるようにすること。
②リユース：使ったあとの製品を、もう一度使うこと。
③リサイクル：ゴミとして捨てられたものを、資源として再利用すること。

製品を作るときの3Rの方法

材料の調達	リデュース	材料に無駄が出ないように仕入れる量を減らす、など
	リサイクル	リサイクルされたものを材料に使う、など
工場での生産	リデュース	生産中に材料や製品に無駄がないように、製造工程を見直す、リサイクル可能な製品を作る、など
	リユース	
製品の出荷	リデュース	製品の包装を簡単にする、など
使用されたあと	リサイクル	再利用のシステムを提案する、など

そして多くの企業が、この3Rを意識し、循環型社会のため、環境に配慮した製品づくりに取り組んでいる。エコカーや省エネ家電の開発はその代表だろう。

地球温暖化現象は二酸化炭素などの温室効果ガスの増加が主な原因であり、このまま見過ごしていると、地球はやがて人類の住めない星となってしまう恐れがある。国、企業、個人それぞれの取り組みが、今後さらに重要になってくるだろう。

宇宙の中の美しい地球、水に覆われた私たちの地球よ、永遠に！

日本における次世代自動車の保有台数実績

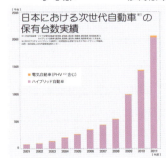

（出典：一般社団法人次世代自動車振興センター
全国地球温暖化防止活動推進センターウェブサイト
http://www.jccca.org/ より）

エコカーとして人気の高いアクア（写真提供：トヨタ自動車）

TASK C 地球環境を守るために自分ができる取り組みを、「3R」のような言葉で表してみましょう。その言葉の意味と取り組みの内容を、クラスで発表してください。

Section 2

【夏。大学の教室で鈴木先生と学生たちが話している。】

ホ　ア：日本の夏って本当に暑いですね。この前なんて、ベトナムのホーチミンが28℃だった日に、東京は35℃でした。

ベ　ラ：本当に暑いです。4月に来日したときは部屋にエアコンがなかったので、夏になってから、昼間はエアコンの効いた図書館やカフェに避難していました。

鈴　木：今もエアコンはないの？

ベ　ラ：あ、今は大丈夫です。大家さんにお願いしてエアコンを付けてもらいました。

鈴　木：それはよかった。安心しました。

リアム：先生、気温だけじゃなくて、海水の温度も上がってるんですよね。この前、海水温が上がって珊瑚が白くなってしまったというニュースを見ました。オーストラリアにも珊瑚礁がたくさんあるので心配しています。

鈴　木：珊瑚礁は日本でも沖縄にはもともとあったんですが、温暖化の影響で、今は東京湾でも見られるそうですよ。それに魚も、東京湾に熱帯魚が泳いでいるとか。温室効果ガスが原因で、地球表面の大気や海洋の平均温度が上昇を続けている。私たち一人ひとりが気をつけて、みんなで地球を守らないといけないですよね。

TASK D　下の①〜④は、地球温暖化にともなう気候の変化の観測結果です。この結果を見て、どのような対策が考えられるか、グループでディスカッションしましょう。

①1880〜2012年において、世界平均地上気温は0.85℃上昇。

②最近30年の各10年間の世界平均地上気温は、1850年以降のどの10年間よりも高温。

③海洋は人為起源の二酸化炭素の約30％を吸収して、海洋酸性化を引き起こしている。

④1992〜2005年において、3000m以深の海洋深層においても水温が上昇している可能性が高い。

（出典：IPCC 第5次評価報告書　全国地球温暖化防止活動推進センターウェブサイト http://www.jccca.org/ より）

Unit **11** 地球のためにできること

佐　藤：僕たちが子供のころは、暑いと言ってもせいぜい30℃が上限でしたよね。

鈴　木：そうですよね。温度計も30℃のところに赤い線が引かれていて、そこを超えるのは危険、という印象だったし。

佐　藤：それが今では、夏の30℃は当たり前、下手すると、何年か後には35℃も当たり前になるかも。

鈴　木：気候システムが温暖化しているのは間違いないですね。

佐　藤：昔は打ち水とかすだれみたいな暑さをしのぐ身近な工夫がいろいろあったし、最近はグリーンカーテンなんかもよく見るようになりましたけど、熱帯みたいになってきた東京じゃ「焼け石に水」のような気がしますね。「温室効果ガスを出さないように」っていうキャンペーンをもっと効果的にしないと、地球の気温は上がりっぱなし、暑くなればエアコンを使う人が増える、エアコンを使えば温室効果ガスの濃度が上がる……。

鈴　木：やっぱり、まずはエアコンを使わずに涼しく過ごす工夫をすることですよね。

TASK E あなたが育った土地では、エアコンなどを使わずに暑さや寒さをしのぐ工夫はありますか。また、何か新しいアイディアはありますか。クラスで発表してください。

Unit 11 地球のためにできること

夏を涼しく過ごす知恵と工夫

グリーンカーテンと打ち水

知っていますか A

つる性の植物を建物の壁に沿って育てるのがグリーンカーテンです。窓際に日陰を作り、葉から水分が蒸発するときの気化熱で気温を下げる効果が期待されています。打ち水も同様に、熱くなった地面に水を打つ（＝水をまく）ことで、気化熱を利用して温度を下げる方法です。

a. ゴーヤやアサガオ、フウセンカズラなどがグリーンカーテンとして育てられている　b. 夏には、打ち水を呼び掛けるイベントなども行われる

クールビズ

涼しい服装でオフィス内の冷房温度を高めに設定し、省エネに努めようという取り組みが「クールビズ」です。官公庁や自治体の職員も、この期間中はスーツやネクタイ姿ではなく、シャツなどの軽装で仕事にあたります。そして冬には、暖かい服装で暖房の温度設定を低くする「ウォームビズ」が行われます。

五感で楽しむ涼しさ

日本の夏には、見たり触れたり味わったりすることで涼しさを感じるものがいろいろあります。知っているものはありますか。

a. 音を聞いて涼しさを感じる風鈴
b. 暑さで食欲が落ちる夏には、冷たい素麺が喜ばれる
c. 肌触りのいい素材の枕や敷物で涼しく眠る

Unit 12
教育と子供たち
きょういく　こども

Q 知っていますか

これは、日本の小学生の通学風景です。あなたの国の小学生と比べて、どのようなことに気がつきますか。

Section 1

1. 減り続ける子供の数

　日本社会が直面している最大の問題の一つは、少子高齢化と人口減少をどのように食い止めるかだろう。高度成長期の後、日本の社会は豊かになったが、経済活動を支える若い世代の人口は減り続けている。

　日本の高齢化のスピードは世界一、そして15歳未満の子供の数は減少し続け、過去最低を記録している。

　子供の数についての2016年現在の統計では、2015年と比較しても15万人少ない1,605万人だ。「男女別子供の数」では、男子が822万人、女子が782万人になっていて、男子が女子より40万人多い。

　そして「階級別子供の数」を見てみると、年齢が低くなるほど人数が少なくなっていることがわかる。これは、このあと15年間にわたって、小中学校に通う子供の数が減り続けることを示している。世界的に見ても、これほど子供の数が減少している国は少ない。

男女別子供の数（15歳未満人口）

		2016年4月1日現在	2015年4月1日現在	対前年増減数
子供の数（万人）	男女計	1,605	1,620	−15
	男	822	830	−7
	女	782	790	−7
総人口（万人）	男女計	12,698	12,716	−14
	男	6,176	6,182	−5
	女	6,522	6,531	−9
総人口に占める子供の割（％）		12.6	12.7	−0.1

注）表中の数値は、単位未満を四捨五入しているため、合計と一致しない場合があります。

（総務省「我が国のこどもの数─『こどもの日』にちなんで─（「人口統計」から）」より作成）

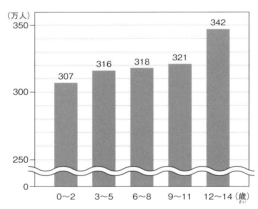

年齢3歳階級別子供の数（2016年4月1日現在）

（総務省「我が国のこどもの数─『こどもの日』にちなんで─（「人口統計」から）」より作成）

TASK A あなたの国では、子供の人数はどう変化していますか。最近10年の変化を調べて、日本と比較してください。そして、それぞれの国で似ている点や違う点を、グループでディスカッションしましょう。

2. 学校制度と教育内容

日本の学校には国立・公立・私立があり、いずれも学校教育法の下で教育が行われている。

現在の日本の学校教育は、小学校6年、中学校3年、高等学校3年、大学4年の「6-3-3-4制」が基本で、このうち小学校と中学校の合計9年間が義務教育に定められている。

また、日本の大部分の家庭では、義務教育の前に子供を幼稚園などに通わせる。子供たちはそこで早くから社会性を身につけ、自制心や社交性を備えることができる。

日本の義務教育についての規定

すべて国民は、法律の定めるところにより、その保護する子女に普通教育を受けさせる義務を負う。義務教育は、これを無償とする。

（日本国憲法第26条第2項）

日本の主な教育機関

年齢					
25					高等教育
24	大学院				高等教育
23	大学院				高等教育
22					高等教育
21	大学				高等教育
20	大学	短期大学	専門学校		高等教育
19	大学	短期大学	専門学校		高等教育
18				高等専門学校	中等教育
17	高等学校			高等専門学校	中等教育
16	高等学校			高等専門学校	中等教育
15	中学校				中等教育
14	中学校				中等教育
13	中学校				中等教育
12	小学校				初等教育
11	小学校				初等教育
10	小学校				初等教育
9	小学校				初等教育
8	小学校				初等教育
7	小学校				初等教育
6	幼稚園				就学前教育
5	幼稚園				就学前教育
4	幼稚園				就学前教育
3	幼稚園				就学前教育

は義務教育

小学校での教育

子供は、満6歳の4月に小学校に入学する。小学校では、下の表1の教科を中心に授業が組まれている。ほとんどの教科はクラス担任の先生が指導するが、音楽や図工などは専門の先生が指導することが多い。また、英語などの外国語活動も取り入れられている。

表1：小学校で学ぶ科目（学年別）

学年	国語	算数	音楽	図工	体育	道徳	生活	理科	社会	家庭	総合
1年生	○	○	○	○	○	○	○				
2年生	○	○	○	○	○	○	○				
3年生	○	○	○	○	○	○		○	○		○
4年生	○	○	○	○	○	○		○	○		○
5年生	○	○	○	○	○	○		○	○	○	○
6年生	○	○	○	○	○	○		○	○	○	○

中学校での教育

中学校の必修教科は右の表2の9科目で、これに道徳や総合的な学習の時間などが加わる。主要な教科は小学校と同じだが、英語は必修となる。

そして、小学校と大きく違うのが、中学校では科目ごとに専門の先生がいることで、生徒たちは1時間ごとに違う先生の授業を受けることになる。

表2：中学校で学ぶ科目（全学年共通）

国語	数学
社会	理科
英語	音楽
美術	保健体育
技術・家庭	

TASK B 日本の中学校と自分の国の中学校の一般的な時間割を調べて、下の表に書きましょう。そのあと、グループで、それぞれの国の同じところや違うところを話し合ってください。

日本の中学校の時間割

	月	火	水	木	金	土
1						
2						
3						
4						
5						
6						

自分の国の中学校の時間割

	月	火	水	木	金	土

3. 教科学習以外の教育

多くの小学生にとって、学校での楽しみの一つは給食だろう。そして給食は楽しいだけでなく、教育の一環でもある。全員が同じものを食べることで偏食をなくし、給食当番になって配膳の準備や後片づけをすることで、お互いに助け合うことの大切さを学ぶのだ。

教室の掃除をする小学生たち

また、給食当番のほかに掃除当番もある。世界の国々では学校の掃除は子供にさせないところも多いが、全員で教室の床を掃いたり窓を磨いたり、机を拭いたりして、自分たちの学ぶ場所を清潔に保つ努力をすることも、子供たちにとっては勉強と同様に大切なことなのだ。

教科学習外で行うクラブ活動は小学校からあるが、中学校では部活動（部活）も本格的になる。テニス、サッカー、野球、バスケットボール、柔道、剣道、卓球などの体育系、演劇、吹奏楽、合唱、書道、茶道、写真などの文化系があり、授業が始まる前の早朝や放課後などに練習を行う。先輩・後輩の関係も重視され、チームプレイなどを通して団体行動を身につける訓練もできる。学校生活全体を通して、「礼儀正しく、集団行動のできる日本人」の骨格が形成されるのだ。

TASK C 学校給食の「偏食をしないように、出されたものは何でも食べる」という考え方について、「賛成」「反対」の立場に分かれてディベートをしてみましょう。

TASK D あなたは、小学校や中学校でクラブ活動をしていましたか。どんなクラブに入って、どのような練習や活動をしていたか、クラスで発表してください。

Section 2

ベ ラ：先生、日本では小学校に入るときにも受験があるんですか。

佐 藤：そうだね、私立の学校を受験する子もいるよ。

リアム：僕がホームステイしてるうちの翔くん、来年、小学生なんです。翔くんは、隣のうちの友達が行ってる桜小学校に行きたいって言ってるんですけど……。

ベ ラ：何か問題があるの？

リアム：お母さんは、うちの近くの多摩小学校に行かせたいんだって。

佐 藤：ああ、多摩は公立だから無料だし、受験しなくてもだれでも入れるんだ。でも桜は私立だから、入学試験があるし、義務教育でも授業料が必要だね。

ホ ア：小学校に入るのに受験って、まだ6歳なのに、どんな試験をするんですか。

佐 藤：そうだな、たとえば、明るくはきはきと自分の意見が言えるか、落ち着いて先生の質問を聞いて、よく考えて答えられるか、パズルを途中であきらめないで挑戦できるか……。つまり、その子の今の学力よりも、将来性を見ているんだね。物事を推測する力があるかとか、がまん強いかとか。勉強より、そういうことが大事だって聞いたことがある。

リアム：でも、それってどうやって試すんですか。

佐 藤：そこが問題。中学や高校受験と違って準備をするのは難しいよね。それに、子供だけじゃなくて両親の面接があったりするらしいよ。

Unit 12 教育と子供たち

ウェイ：え、両親の面接って、何を聞くんですか。
佐　藤：たぶん、家庭の教育方針を見るんだろうね。
リアム：私立の場合は、授業料はいくらぐらいなんですか。
佐　藤：学校によって違うけど、1年間で100万円くらいかな。それに、最初は入学金が30万円くらい。
ウェイ：そうすると、中学も私立に行くとしたら、義務教育だけで1,000万円ぐらいかかるんですね。
ホ　ア：子供が合格すればお父さんやお母さんはうれしいと思いますけど、そんなにお金がかかるのは大変ですね。
佐　藤：そうだね。だから、両親の収入も問題になる。
ウェイ：日本は格差社会になりつつあると聞きましたが、小学校入学からすでに格差社会は始まっているんですね。

TASK E 自分の国と日本について、小学校に入ってから大学を出るまでにかかる教育費を、国公立と私立に分けて調べてください。表にまとめたら、クラスでお互いの国を比較してみましょう。

入学から卒業までにかかる費用

		小学校	中学校	高校	大学	合計
自分の国	国公立					
	私立					
日本	国公立					
	私立					

Unit 12 　教育と子供たち

子供たちの学校生活

通学風景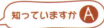

日本の小学生の多くは、毎日ランドセルを背負い、歩いて学校に行きます。

子供たちが通学に使う道であることを示す道路標識。

通学路の交差点などには大人が立ち、子供たちの安全を守っている。

電車に乗って通学する小学生。

ランドセルには、毎日、その日の授業で使う教科書やノートを入れていく。
学校に着いたら、ランドセルは教室の後ろにある棚へ。

いろいろな学校行事

日本の保育園や幼稚園、小中高校では、いろいろな行事があります。あなたの国と同じものはありますか。

a. 遠足は公園や水族館・動物園へ。
b. 京都や奈良への修学旅行で日本の歴史を学ぶ。
c. 運動会の綱引き。

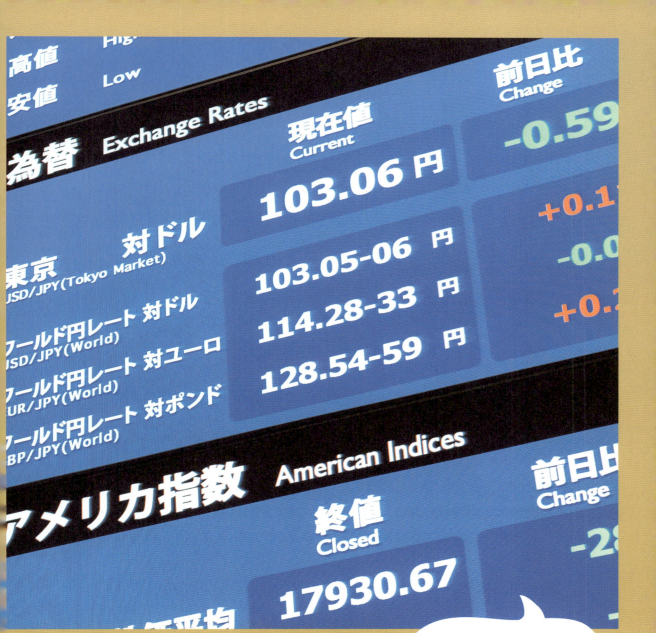

Unit 13
産業構造と経済
さんぎょうこうぞう　けいざい

 知っていますか

日本の経済(けいざい)について、どのようなイメージを持っていますか。具体的(ぐたいてき)に思(おも)い浮(う)かぶことはありますか。

Section 1

1. 日本の産業構造

日本の産業を、コーリン・クラークの産業分類に沿って見てみよう。

第一次産業：農業、林業、水産業

日本はかつて農業が中心の国で、人々は農地や森林、漁場で働いていた。見渡す限りの稲作風景を日本の各地で見ることができたが、高度経済成長以降、そのような風景は減少しつつある。

第二次産業：製造業、建設業

高度成長が契機となり、日本の産業は第二次産業が中心になった。都市に人口が集中しはじめたのは、第二次産業が中心になってからといえる。

第三次産業：情報通信業、金融業、運輸業、販売業、対人サービス業、電気・ガス・水道業

日本の産業はIT革命以降、第三次産業の占める割合が増加しつつある。生活する上で絶対に必要な「電気・ガス・水道業」は第三次産業に分類されている。

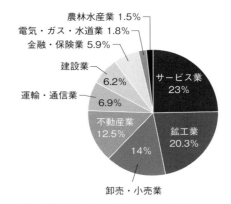

GDPの産業別割合

- 農林水産業 1.5%
- 電気・ガス・水道業 1.8%
- 金融・保険業 5.9%
- 建設業 6.2%
- 運輸・通信業 6.9%
- 不動産業 12.5%
- 卸売・小売 14%
- 鉱工業 20.3%
- サービス業 23%

（総務省統計局「平成24年経済センサス活動調査」より）

2. 第一次・第二次産業での輸出拡大

日本の農業は1960年代以降減少し、2009年現在、専業農家はわずか20％で、80％は兼業農家である。その理由の一つは、日本人の食生活が変化したことにある。主食が米からパンなどに変化したことで、稲作中心の農家が減ったのだ。

しかしその一方で、銘柄米やブランド米と呼ばれる品種の開発や改良が進み、おいしいお米として、日本国内だけでなく海外でも人気が集まっている。また米以外でも、緑茶やリンゴ、魚介類など、さまざまな農林水産物の輸出促進の取り組みが、国や地方自治体によって進められている。少子高齢化などで国内の市場規模が縮小傾向にある今、海外に販路を広げることに、日本の第一次産業の新しい道があるのかもしれない。

TASK A 自分の国が日本から輸入している農林水産物にはどのような品目があるかを調べて、その理由を考え、クラスで発表しましょう。

Unit 13 産業構造と経済

日本の米の輸出額と輸出先

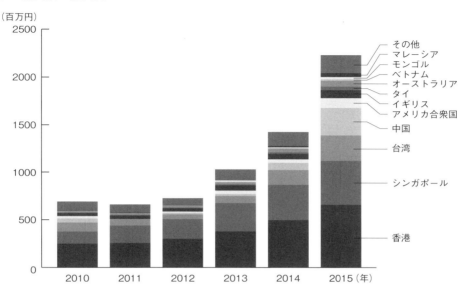

（農林水産省「商業用の米の輸出数量等の推移」より作成）

　最近になって輸出が拡大しつつある第一次産業に対し、第二次産業の分野ではもともと輸出量が多かった。そのため、日本の工業地帯は、「太平洋ベルト」と呼ばれる海岸地域に集中している。その中でも規模が大きいのが、京浜工業地帯（東京・横浜）、中京工業地帯（愛知・三重）、阪神工業地帯（大阪・神戸）の3つである。工業製品の原料である石油や鉱石を輸入するときや完成品を輸出するとき、海に近く、大きな港があることが、輸送コストを下げられるなどの利点となるため、これらの地域に工業地帯が広がっているのだ。

TASK B 日本の主な工業地帯にはどのような企業があるか調べてみましょう。あなたの国に輸出している製品を作っている企業があれば、どのような企業が何を輸出しているか、リストを作ってください。

TASK C 右の表は日本の工業製品の輸出品目トップ10です。これを参考に、あなたの国が日本からどのような製品を輸入しているか調べ、その内容や特徴についてグループでディスカッションしましょう。

順位	2015年 輸出総額 75兆6,139億円	
1	自動車	15.9%
2	半導体等電子部品	5.2%
3	鉄鋼	4.9%
4	自動車の部分品	4.6%
5	原動機	3.4%
6	プラスチック	3.2%
7	科学光学機器	3.1%
8	有機化合物	2.8%
9	電気回路等の機器	2.5%
10	電気計測機器	1.9%

（財務省「貿易統計」より作成）

3. 国際化と産業のこれから

　総務省統計局が行った労働力調査では、1955年に1,600万人だった農林業の就業者は毎年減少し続け、2010年には公務員とほぼ同じ数になっている。それに対して、サービス業の就業者は年々増加し続けている。

　第三次産業に分類されるサービス業は、「学術研究、専門・技術サービス業」「生活関連サービス業、娯楽業」「宿泊業、飲食サービス業」「教育、学習支援業」「医療、福祉」などだ。これらの就業者が増えた背景には、社会の高齢化による医療・福祉サービスの必要性の高まりや、趣味の多様化に合わせた娯楽サービスの広がりなどがある。

　そしてもう一つは、宿泊・飲食など、観光関連サービスの拡大だろう。2016年、日本政府観光局は、訪日外国人客数が2,000万人を超えたと発表した。このことが生む経済効果への期待は大きく、外国人観光客に向けた観光業やサービス業は今後さらに充実していくと考えられる。

　農林水産物や工業製品など「モノ」の輸出入というハード面だけでなく、「ヒト」の交流というソフト面でも国際化が進むことは、日本の産業や経済にさまざまな影響を与えていくだろう。

TASK D　日本で働くとしたら、あなたはどのような職業に就きたいですか。その理由と一緒に、クラスで発表してください。

　　例：日本人観光客を自分の国に案内して、たくさんのいいところを知ってほしいから、旅行会社で添乗員になりたい。

産業別就業者数構成比の推移

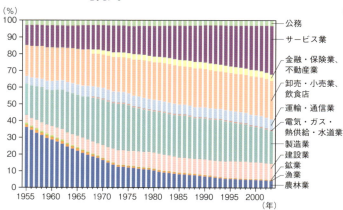

(「第10回改定日本標準産業分類別就業者数」(総務省統計局) (http://www.stat.go.jp/data/roudou/longtime/03roudou.htm) を加工して作成)

産業別就業者数の推移

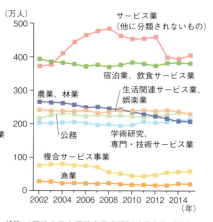

(「第12回改定日本標準産業分類別就業者数」(総務省統計局) (http://www.stat.go.jp/data/roudou/longtime/03roudou.htm) を加工して作成)

4. 人工知能が産業に与える影響

2015年に野村総合研究所が発表した研究結果によると、「特別な知識やスキルを必要としない職業」や「データ分析で体系化可能な職業」は、将来、人工知能やロボットがその役割を担う可能性があるという。

これからの産業はいったいどんな形に変化するのだろうか。楽しみでもあり、恐ろしくもある。

●人工知能やロボット等による代替可能性が高い職業

受付係	会計監査係員	マンション管理人	給食調理人
銀行窓口係	警備員	建設作業員	自動車組立工
新聞配達員	スーパー店員	タクシー運転者	宅配便配達員
駐車場管理人	データ入力係	電車運転士	ビル清掃員
ホテル客室係	レジ係	列車清掃員	路線バス運転者

●人工知能やロボット等による代替可能性が低い職業

アナウンサー	映画監督	ケアマネージャー	ゲームクリエーター
外科医	国際協力専門家	コピーライター	作業療法士
雑誌編集者	シナリオライター	社会学研究者	小学校教員
助産師	人類学者	中小企業診断士	内科医
日本語教師	俳優	美容師	保育士
マンガ家	ミュージシャン	理学療法士	レストラン支配人

（参考：野村総合研究所2015年12月2日付けニュースリリース「日本の労働人口の49％が人工知能やロボットで代替可能に」）

TASK E 今後、人工知能やロボットに置き換えられる可能性がある職業、置き換えられる可能性はない職業にはどのようなものがあるか、5つずつ考えてリストを作成してください。なぜそう思うか、クラスで発表しましょう。

置き換え可能	置き換え不可能

Section 2

ベ　ラ：先月からコンビニでアルバイトを始めたんです。今週はばっちり20時間働いたので、18,000円ぐらいもらえます。

佐　藤：それはすごいね。昔だったら、会社員の1か月分の給料だよ。

ウェイ：そのころと今とで、給料ってそんなに違うんですか。

佐　藤：そうだね。たとえば1975年だと、大卒の初任給は9万円ぐらいだった。それに、そのころの為替は1ドルが360円と決まってたから、海外に行くにはすごくお金がかかったんだ。

ホ　ア：大変な時代だったんですね。今も、円高で自分の国のお金の価値が下がったりすると、日本での生活は大変になりますから、バイトもがんばっています。

佐　藤：うん、みんなえらいよ。コンビニも最近はいろんなサービスが増えてるから、仕事を覚えるだけでも大変でしょう？

ベ　ラ：はい。レジの仕事だけでも、電気代やガス代の支払いや、ライブのチケットの発券など、いろいろあります。あ、コーヒーをいれたりもするんですよ。それから、宅配便を出したり、受け取ったりもできます。

佐　藤：ああ、宅配便は僕もよく使うよ。仕事帰りにコンビニに寄って受け取れるのは便利だよね。

Unit 13 産業構造と経済

TASK F コンビニの利用方法について、5人にインタビューしてください。下の3点についてまとめ、気がついたことなどをグループでディスカッションしましょう。

　①よく買うもの
　②買い物以外で利用するサービス
　③コンビニでできるようになるといいと思うサービス

リアム：僕はコンビニにもよく行きますけど、このごろはネットで買い物をすることが多くなりました。

佐　藤：ああ、ネットショッピングは本当に便利だよね。近くの店に売ってなくても、ネットショップで売ってることもあるし。僕は、農家から直接届く通販で、野菜やお米を買ったりしてるよ。

ホ　ア：私は3階に住んでるんですけど、エレベーターがないので、重い物や大きな物を玄関まで届けてもらえるのがうれしいです。宅配便の人は大変だと思いますけど。

佐　藤：そうだね。最近は、届く時間を指定できたり、注文した次の日に届いたりするのが当たり前になってるよね。でもそのシステムを支えるために働いている人たちがいることも、忘れないようにしないといけないね。

ベ　ラ：私もコンビニでバイトを始めて、サービス業って大変だって思いましたけど、どんな仕事も同じですよね。

TASK G ネットショッピングの利用方法について、5人にインタビューしてください。下の3点についてまとめ、気がついたことなどをグループでディスカッションしましょう。

　①これまでに買ったことがあるもの
　②これから買ってみたいと思っているもの
　③ネットショッピングで問題だと思うこと

Unit 13　産業構造と経済

経済の歴史を知る

（写真提供：株式会社日本取引所グループ）

証券取引所見学　知っていますか A

金融商品が取り引きされている東京証券取引所の東証Arrows（アローズ）と大阪取引所のOSEギャラリーは、だれでも無料で見学することができます。証券に関する資料の展示などもあり、金融や経済の歴史が学べます。自由に見学できますが、案内付きの見学ツアーに参加することも可能です（事前の予約が必要）。英語で案内してもらえる見学ツアーもあります。

東京証券取引所

大阪取引所

a. マーケットセンター。円形のガラスで囲まれている。上部にある電光掲示板には、取引が成立した株価が流れていく。
b. マーケットセンター内のモニターには、日経平均株価やTOPIX（トピックス：東証株価指数）などが表示されている。
c. 大阪取引所の1階には、取引の状況をリアルタイムで見られる大型ビジョンが設置されている。

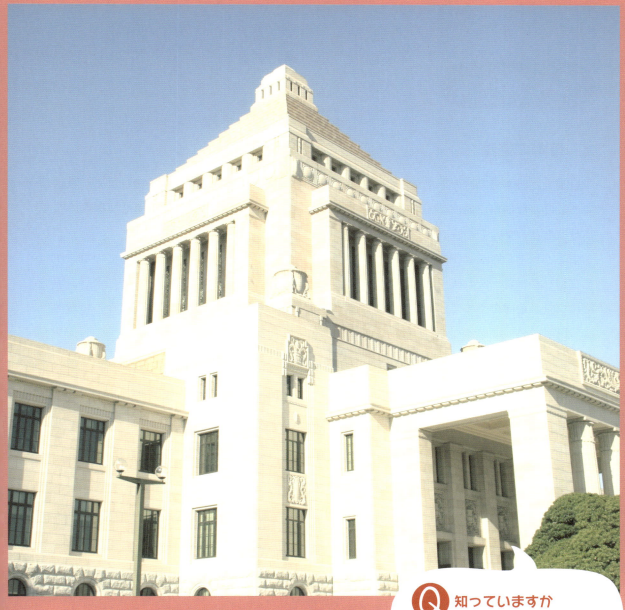

Q 知っていますか

この建物を見たことがありますか。
何をする場所(ばしょ)か知っていますか。

Unit 14
政治と憲法
せいじ　けんぽう

Section 1

1. 日本の憲法

　日本人は日本国憲法の下で日々の生活を送っている。空気や水のように普段はあまり意識することがないが、憲法は国家の基本法であり、国民の地位や権利、義務、そして国家の基本政策など、すべての法や規則の土台となっている。

　まず、日本の憲法制度の歴史を見てみよう。江戸時代まで、日本には国家としての憲法が存在しなかった。それまでは、各藩（地方）それぞれが規則を持っていたのだ。しかし、明治になり、鎖国をやめて開国したとき、世界の近代的な国々と足並みをそろえるためにも憲法の制定が必要になった。

　このころの日本では、「脱亜入欧」（アジアから脱して西欧諸国の仲間入りをする）という考え方が生まれ、近代化が進められていた。新政府はイギリス、フランス、ドイツなど西欧諸国から、政治・法律・経済・社会制度や科学技術、それを支える考え方などを取り入れていた。憲法についてはヨーロッパのプロイセン憲法を手本とし、大日本帝国憲法（明治憲法）が制定された。この大日本帝国憲法には以下のような特徴があった。

岩倉具視（写真中央）をはじめとする使節団が欧米諸国を訪問した。

①天皇を主権者として、国を統治する権限は天皇にあった。天皇の位は血筋によって決まるので、たとえ天皇に日本国を統治する力がなかったとしても、主権者を変更することは不可能だった。

②立権・行政権・司法権は、すべて天皇に属するので、三権分立が確立されていなかった。

③天皇は陸軍・海軍の大元帥として、軍隊・軍備・戦争などに関する軍事権を持っていた。明治以降、日本は多くの戦争をしてきたが、実際は軍部が決定したことでも、憲法の上では、天皇が最終決定したことになった。

④天皇は議会を通さずに、一定の範囲で法律を定めたり、予算を決めたりできた。

⑤天皇は議会を通さずに、条約締結、開戦と終戦、戒厳令（非常事態における軍隊の出動）の発令ができた。

Unit **14** 政治と憲法

その後、第二次世界大戦に敗れた日本は、新憲法を制定する必要に迫られた。そして、1946年11月3日に「日本国憲法」を公布、翌1947年5月3日に施行となった。

日本国憲法の三原則

●国民主権
第1条
　天皇は、日本国の象徴であり日本国民統合の象徴であって、この地位は、主権の存する日本国民の総意に基く。

●平和主義
第9条
　日本国民は、正義と秩序を基調とする国際平和を誠実に希求し、国権の発動たる戦争と、武力による威嚇又は武力の行使は、国際紛争を解決する手段としては、永久にこれを放棄する。
　前項の目的を達するため、陸海空軍その他の戦力は、これを保持しない。国の交戦権は、これを認めない。

●基本的人権の尊重
第11条
　国民は、すべての基本的人権の享有を妨げられない。この憲法が国民に保障する基本的人権は、侵すことのできない永久の権利として、現在及び将来の国民に与えられる。

第97条
　この憲法が日本国民に保障する基本的人権は、人類の多年にわたる自由獲得の努力の成果であって、(中略) 侵すことのできない永久の権利として信託されたものである。

TASK A 左のページに挙げた大日本国憲法の①〜⑤の特徴を、現在の日本国憲法と比較し、その違いをペアで確認しましょう。その5点の違いについて、自分たちの考えを200字以内にまとめてください。

TASK B 自分の国の憲法と日本の憲法を比較して、同じ点、違う点を探してみましょう。その部分の文章を書き出し、クラスで発表してください。

2. 三権分立と議員内閣制

日本国憲法は、国会・内閣・裁判所による三権分立を採用している。右の図は、その構造と、憲法に基づくそれぞれの役割をシンプルに示したものである。

国会は、法律を制定する立法権を持つ。内閣は、国政を運営する行政権を持つ。裁判所は、法律の適用の是非について審理する司法権を持つ。3つの機関は、それぞれの独立性を保つため、お互いへの不当な介入を避け、ほかの機関の行為や決定を尊重し合っている。

そして、日本の政治は憲法によって議院内閣制を採っていて、内閣総理大臣（首相）は、国会によって国会議員の中から指名される。国務大臣は首相が任命する。

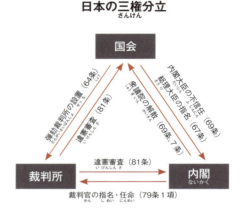

TASK C 三権分立の図を見て、自分の国の制度と比較し、似ている点や異なる点を挙げてください。その内容をまとめたパワーポイントを作成し、クラスで発表してください。

3. 国会

日本の国会は衆議院と参議院の二院で構成されている。このような制度を二院制と言い、日本の二院制では、衆議院が参議院に対して優位性を持っている。

国会は、国の予算や法律など、重要な事項を決定する機関であり、衆議院で審議されて可決された内容は、参議院に送られて審議され、議決される。

国会が開催される国会議事堂は東京都千代田区永田町にあり、ニュースなどでは「永田町では～」という表現が頻繁に使われる。これは、永田町という場所そのものではなく、地名を比喩的に使うことで国会や国会議員のことを指していることが多い。

国会の本会議場

4. 選挙

すべての国会議員は国民の選挙によって選ばれる。国会議員のほか、各都道府県や地方自治体の首長、議会議員などが任期ごとに改選され、その都度、立候補者による選挙運動が行われる。そして、それぞれの選挙が公正に行われるように、公職選挙法が定められている。候補者たちはこの法律の範囲内で最大限の努力をし、当選を目指さなくてはならない。

TASK D 日本の選挙権年齢は18歳です。では、被選挙権年齢（何歳から立候補できるか）は何歳か、次の３つについて調べてください。

①衆議院議員　②大阪府知事　③東京都議会議員

立候補者のポスターを貼る掲示板。選挙のときには、町のあちこちにこのような光景が見られる。

投票所の記入台。車いすを使っている人などのために低い台も用意されている。

投票箱

Section 2

ベラ：さっき選挙カーが通ってたけど、今度はなんの選挙？

隆　：ああ、参議院議員の選挙があるんだ。僕はこれが初めての選挙だから、ちょっと緊張してる。

リアム：参議院っていうのは、どういう人を選ぶの？

隆　：うーん、そうだな、日本の政治は三権分立っていって、たしか、国会、内閣、それから、えーっと……、あ、裁判所。その3つが独立してるっていうことが重要なんだ。で、その国会には衆議院と参議院があって、今度のはその参議院の議員を選ぶ選挙。

ベラ：なんだか難しいけど、アメリカだと上院と下院に分かれている、そんな感じね。

ホア：テレビで国会中継見たことあるけど、あそこで法律を決めてるの？

隆　：そうだね。そのとき、議員が質問して内閣の担当閣僚、つまり大臣が答えたりするんだけど、どの議員が熱心に質問してどの閣僚が的確に答えてるのか、中継で知ることができるんだ。日本の国民はテレビを通じて、法律が決まる様子を理解できるようになってる。

ウェイ：つまり、日本の国会は国民に見られているわけだね。

ホア：時々、議長が「賛成多数により」って言ってるのは多数決のこと？

隆　：そう。だから、議員数の少ない政党だと意見が通りにくいわけ。でも結局は国民がその議員を選んでいるんだから、国会で決められることは僕たちの責任でもある。

ベラ：さすが。選挙権を持ってるだけあって、ちゃんといろいろ考えてるね。

＊＊＊＊＊

ベラ：私、日本では投票できないけど、関心はあるよ。あちこちにポスターが貼ってあるし、選挙カーもよく来るし、きのうは駅前で演説している人もいたし。

隆　：どうしよう。与党にするか野党に入れるか……。

愛　：私は人物本位で選ぼうと思ってるけど。

隆　：いや、どの党がこれからの日本をどうしようとしてるのか、よく比較して入れないと。なにしろ日本の未来がかかってるんだから。

Unit *14* 政治と憲法

愛　：まあ、たしかにそうだよね。私もきのうテレビで政見放送を見て思った。今いろいろ課題になってることに、どういう政策で取り組もうとしてるかは大事だもんね。

リアム：政見放送？

愛　：あ、政見放送っていうのは、立候補してる人や政党がそれぞれの政策なんかを話す番組のこと。

隆　：でもね、本当に入れたい人は僕の選挙区にいないんだ。それは問題だと思わない？

愛　：そうだね。でも、比例代表制なら党を選べるじゃない。

ベラ：選挙区とか比例代表とか、なんだか複雑そう……。

TASK E あなたの国では何歳から選挙権を得ることができますか。日本のように18歳で選挙権を得ることについて、賛成か反対かを、その理由と一緒に50字以内で書いてください。それをグループの中で発表し、ディスカッションしてみましょう。

 Unit 14　政治と憲法

政治が行われている場所を知る

（写真提供：参議院事務局）

国会議事堂に行ってみよう　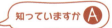

　日本の国会議事堂は、衆議院・参議院ともに、だれでも中を見学することができます。政治というと難しいイメージですが、行ってみると意外とおもしろい発見があったりします。機会があればぜひ訪れてみてはどうでしょう。

　衆議院・参議院で見学できるコースや日時に違いがありますが、見学料はどちらも無料です。

a. 参議院本会議場。議員が座る議席が扇の形に広がっている。全部で460席あり、参議院議員242人分の席が使われている。
b. 天皇陛下の御休所。
c. 中央広間。日本の議会制度設立に貢献した、伊藤博文、大隈重信、板垣退助の銅像がある。
d. 参観ロビー。国会議事堂の歴史や参議院の役割についての資料が展示されている。

Q 知っていますか

このような表示を見たことがありますか。
どこで見ましたか。
あなたの国にもこのような表示がありますか。

Unit 15

多文化共生社会を目指して

Section 1

1. 日本に滞在する外国人たち

　日本国内の在留外国人数は年々増加し、日本の総人口に占める割合も高まっている。法務省の発表によると、2015年現在の在留外国人は223万2,189人で、日本の総人口1億2,711人（2015年10月1日現在）の1.76パーセントを占めている。つまり、日本に暮らしている人の100人に1人は外国人だということで、日本社会における外国人の存在は、もはや当たり前となった。

　都道府県別に見ると、在留外国人が最も多いのは東京都の46万2,732人、最も少ないのが秋田県の3,616人だが、47都道府県すべてに少なくとも3,000人以上の外国人がいることがわかる。在留資格別では「永住者」が47パーセントと最も多く、続いて「留学」「技能実習」の順となっている。

 下の表は、日本に中長期在留（滞在）するときに必要な資格の一覧です。今後あなたが日本で暮らすとしたら、どのような在留資格（ビザ）での滞在が考えられますか。あなたの希望や考えを200字以内で書き、クラスで発表してください。

日本の在留資格一覧

在留資格				
永住者				
日本人の配偶者等				
永住者の配偶者等				
定住者				
外交	公用	教授	芸術	宗教
報道	高度専門職	経営・管理	法律・会計業務	医療
研究	教育	技術・人文知識・国際業務	企業内転勤	興行
技能	技能実習	文化活動	短期滞在	留学
研修	家族滞在	特定活動		

Unit 15 多文化共生社会を目指して

在留外国人数の推移

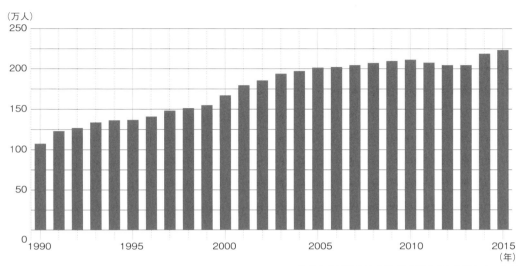

（法務省「在留外国人統計（旧登録外国人統計）」より作成）

在留外国人の地域別割合（2015年末現在）

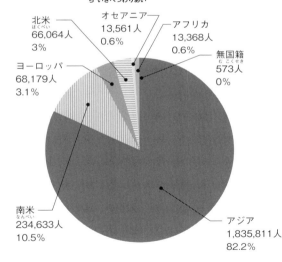

- 北米　66,064人　3%
- オセアニア　13,561人　0.6%
- アフリカ　13,368人　0.6%
- 無国籍　573人　0%
- ヨーロッパ　68,179人　3.1%
- 南米　234,633人　10.5%
- アジア　1,835,811人　82.2%

（出典：法務省「平成28年版在留外国人統計」）

在留外国人の在留資格別割合（2015年末現在）

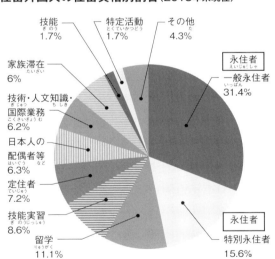

- 技能　1.7%
- 特定活動　1.7%
- その他　4.3%
- 家族滞在　6%
- 技術・人文知識・国際業務　6.2%
- 日本人の配偶者等　6.3%
- 定住者　7.2%
- 技能実習　8.6%
- 留学　11.1%
- 永住者　特別永住者　15.6%
- 永住者　一般永住者　31.4%

（出典：法務省「平成28年版在留外国人統計」）

2. 増加を続ける外国人観光客

短期滞在者の中で著しい増加を見せているのが、観光で日本を訪れる外国人の数だ。下のグラフからは、特に2014年以降に急増していることがわかる。

訪日外国人旅行者数の推移

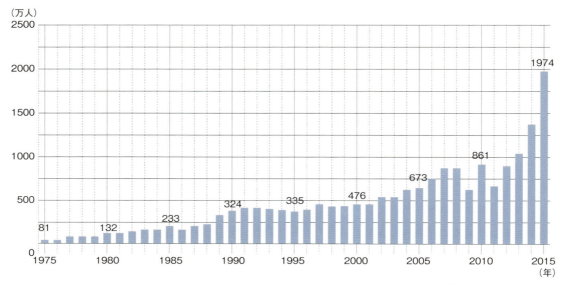

（出典：日本政府観光局（JNTO））

このような状況に、日本政府は「オールジャパン体制」で対応する取り組みを始めている。「オールジャパン」とは、政府、経済界、地域など、みんなが協力して外国人の観光客を迎えましょう、という姿勢を表現した言葉だ。英語、中国語、韓国語をはじめ、多言語での対応が可能な観光案内所などを増やし、外国人観光客に「居心地のいい滞在」がしてもらえるようにすることを目指し、各地でさまざまな取り組みが始まっている。

TASK B　あなたが日本を訪れたとき、言葉や習慣の違いで不便だと思ったり、困ったりしたことはありますか。それを改善するにはどのようなことをすればいいと思いますか。例のようなことについて、グループでディスカッションしてみましょう。

　　例：電車やバスの駅名のアナウンスを聞いたとき

　　　　道に迷ったとき

　　　　駅など、公共の場所のトイレが日本式だったとき

3. 多文化共生社会のために

長期・短期の外国人滞在者が増える中、多文化共生のためには、次のような社会になる必要があるのではないのだろうか。

①日本で暮らす人々すべてが、お互いの国籍や文化、宗教、言語にかかわりなく「お互いの違い」を認め、平等に暮らせる社会

②外国籍の人々が「日本語がわからない」という理由で排除されることのない、多言語による情報を得ることができる社会

③日本語の使用や日本文化への適応など「日本人らしさ」を押し付けることなく、お互いを尊重し合える社会

④異なる文化・言語を持つ人々と共に生きることで、「多様性のある文化や言語」を共有することができる社会

2006年3月、総務省から「多文化共生の推進に関する研究会報告書——地域における多文化共生の推進について」が出された。

この報告書の中では、地域における外国人支援の必要性が述べられている。居住、教育、労働環境、医療、保険、福祉、防災などの面で、地方自治体が外国人とコミュニケーションを取りながら、積極的な支援活動に取り組むことが重要だということだ。

その後も、「多文化共生の地域づくり」や「多文化共生の推進体制の整備」をキーワードに、日本全国で多文化共生プログラムづくりが進められている。外国人を受け入れて共に助け合いながら、お互いの文化を知ろうという動きだ。「言うは易く、行うは難し」だが、この動きは、たとえ歩みは遅くても、決して止めてはならない。

 TASK C 言語や文化が異なる人たちが共に生きていくためには、どのようなことが必要だと思いますか。あなたが大切だと思うことをまとめて、クラスで発表してください。

Section 2

鈴　木：皆さん、日本に来て半年、日本の生活にもだいぶ慣れたと思います。今日は、日本に来る前の印象と現実は同じだったか、それとも違っていたのか、皆さんの感想を聞かせてください。

リアム：そうですね、最初は日本人の日本語がわからなくて苦労しました。普通に話す日本語はテキストの日本語とぜんぜん違っていたからです。でも、地域の日本語ボランティアの皆さんに助けられて、今では日本人とスムーズにコミュニケーションが取れるようになりました。

鈴　木：それは大きな収穫ですね。話していることが全部わからなくても、重要な単語を聞き取ることで、意味は大体想像できますよね。

ホ　ア：思っていた以上に、日本の人たち、特に若い人たちはおいしいものが好きで、それも、日本料理ばかりじゃなくて、居酒屋とかカフェとか選択肢がたくさんあってびっくりしました。

ウェイ：僕は衣類をあまり持ってこなかったんですけど、駅ビルの中は洋服屋さんがいっぱいで驚きました。日本の人たちの服装は清潔で、しかもおしゃれだと思います。

リアム：でも、家は予想通り狭いと感じました。僕はホームステイをするまではアパートに住んでいたんですが、敷金とか礼金とか、家賃の前払い1か月分とか、借りるときにお金がたくさんかかる割に、部屋は狭くて、天井も低くて、頭をぶつけそうでした。あ、「かもい」って言うんですか、そこにいつも頭をぶつけていました。

鈴　木：日本人にも背の高い人もいますが、やはり、平均身長は低いですから、家の構造も日本人の身長に合わせていますよね。リアムさんは、電車に乗るときも頭を下げて乗っていましたよね。

ベ　ラ：私は学食がすごくありがたかったです。安いし、ランチメニューが日替わりであるので助かります。

鈴　木：夕食はどうしていますか。

ベ　ラ：アルバイト先がコンビニなので、よくコンビニのお弁当を食べています。

鈴　木：それはちょっと心配ですね。栄養も偏るし。自炊の人はいますか。

ホ　ア：私は自炊です。スーパーで好きな材料を買って作っています。

鈴木：それはいいですね。そうだ、皆さん、お風呂屋さんに行ったことはありますか。

ウェイ：あ、僕は時々行きます。アパートのお風呂は小さくて足が伸ばせませんから、ゆっくりしたいときに友達と行くんです。ハーブ湯とか、ジャグジーとか、お風呂屋さんはすごくぜいたくにできていますね。でも、初めて行ったとき、お湯がちょっと熱かったから水を入れていたら、日本人のおじいさんにしかられました。

鈴木：たしかに、お風呂屋さんのお湯は42℃くらいですからね。

ウェイ：でも、あとでそのおじいさんやほかの人とも友達になって、居酒屋に誘ってもらったりしました。お風呂屋さん友達です。

鈴木：それはよかったですね。日本語には「裸のつきあい」といって、相手との親しい関係を表す言葉がありますが、ウェイさんの場合は、まさにそういう友達ですね。

TASK D あなたには、日本人や外国人の友達がいますか。その人の国と自分の国の文化や習慣を比べて、違いを感じたことはありますか。クラスで発表してください。

Unit 15 多文化共生社会を目指して

日本の中の世界、世界の中の日本

私たちを取り巻く多文化共生のサイン

　日本で暮らす外国籍の人たちが増え、町のあちこちで、多文化共生を意識した光景が見られるようになりました。都市部や観光地を中心に、多言語で書かれた道案内の表示なども増え、国や地方自治体、ボランティアによって、外国人との共生を目指すさまざまな取り組みが進んでいます。その願いはただ一つ、外国籍の人々が安心して快適に暮らせる町づくりでしょう。
　言語や文化を問わず、世界中の人々が共に平和に生きていける、そんな社会が訪れますように！

a. 海岸の近くに設置された看板。地震が起きたときに備えて、津波への注意を、日本語以外に4か国語でも呼びかけている。

b. アルファベット、簡体字、ハングルが書かれているJRの駅の表示。路線名を表すアルファベット（JY＝山手線）と駅の番号（01＝山手線の1つめの東京駅）も示され、だれにでもわかりやすいようになっている。

c. 公園や観光地などでは、入ってはいけない場所もあるので注意が必要。

d. 路上でタバコを吸うことが条例に違反してしまうこともある。

 Unit 1
 Unit 2
 Unit 3
 Unit 4
 Unit 5
 Unit 6
 Unit 7
 Unit 8
 Unit 9
 Unit 10
 Unit 11
 Unit 12
 Unit 13
 Unit 14
 Unit 15

巻末付録

内容確認問題	語彙リスト	英訳
Unit 1 …… 154	Unit 1 …… 169	Unit 1 …… 188
Unit 2 …… 155	Unit 2 …… 170	Unit 2 …… 189
Unit 3 …… 156	Unit 3 …… 172	Unit 3 …… 191
Unit 4 …… 157	Unit 4 …… 173	Unit 4 …… 192
Unit 5 …… 158	Unit 5 …… 175	Unit 5 …… 194
Unit 6 …… 159	Unit 6 …… 177	Unit 6 …… 196
Unit 7 …… 160	Unit 7 …… 179	Unit 7 …… 198
Unit 8 …… 161	Unit 8 …… 180	Unit 8 …… 200
Unit 9 …… 162	Unit 9 …… 181	Unit 9 …… 201
Unit 10 …… 163	Unit 10 …… 182	Unit 10 …… 202
Unit 11 …… 164	Unit 11 …… 183	Unit 11 …… 203
Unit 12 …… 165	Unit 12 …… 184	Unit 12 …… 204
Unit 13 …… 166	Unit 13 …… 185	Unit 13 …… 205
Unit 14 …… 167	Unit 14 …… 186	Unit 14 …… 206
Unit 15 …… 168	Unit 15 …… 187	Unit 15 …… 207

Unit 1 日本ってどんな国?

1 ( )の中から正しいものを一つ選んでください。

1. 日本の面積は地球の陸地の(1％未満　3％未満　5％未満)である。
2. 日本の人口は世界の人口の(2％弱　5％弱　7％弱)である。
3. 日本には約(5,000　7,000　9,000)もの島々がある。
4. 日本の国土は北から南まで約(1,000km　2,000km　3,000km)あるため、同じ季節でも場所によって気候がまったく異なる。
5. 日本の学校や企業は(1月　4月　9月)に新しい年度が始まる。
6. 地球温暖化の影響で、最高気温35℃以上となる日が増えた。このような日を(夏日　真夏日　猛暑日)と言う。
7. 熱帯夜とは、気温が(20℃　25℃　30℃)以下に下がらない夜のことである。
8. 夏の終わりごろから台風のシーズンとなる。台風は熱帯低気圧が発達したもので、日本では、発生順に番号を付けて(台風○第　台風○号　台風○件)と呼ばれる。
9. 日本の地理的な特徴の一つは、列島にいくつかの(温泉地帯　山岳地域　火山脈)が走っていることである。
10. 日本の森林面積は約2,500万ヘクタール、つまり、国土の約(4分の1　5分の3　3分の2)が森林である。

2 文章を読んで、その言葉を書いてください。

1. 桜の開花日を都市ごとに予想し、地図上に等圧線のように書いたもの。
　_____
2. 6月から7月にかけて雨の多くなる時期。
　_____
3. 地震などが起きたときに必要になるものを入れて準備しておく袋。
　_____袋
4. 人工林として植えられ、今、アレルギーが問題となっている木の名前。
　_____
5. 世界遺産に指定された、日本で一番高い山の名前。
　_____

Unit 2 都市の暮らし・地方の暮らし

1 （　）の中から正しいものを選んでください。

1. 日本は、山地が国土の（　25%　　50%　　70%　）以上を占める。
2. 日本は「一都一道二府四十三県」と言われる（　40　　43　　47　）都道府県からなる。
3. 日本には（　人　　人口　　人口密度　）50万人以上の政令指定都市が20ある。
4. 都市部に政治や経済、産業、文化が集中する傾向が見られるのは（　アジア　　ヨーロッパ　　世界　）各国に共通する現象だ。
5. 政府は、地方が（　活性化　　過疎化　　都市化　）するさまざまな政策を進めている。
6. 昔は、子供たちと（　夫婦　　両親　　叔父叔母　）、祖父母の3世代が一緒に住むのがどこにでもある光景だった。
7. 昔は、近所の人が海や畑でとれた物を持ち寄って、（　井戸　　居間　　囲炉裏　）を囲んで楽しく語り合ったりする光景が見られた。
8. 交通の便が悪い地方では（　地下鉄　　自転車　　車　）がないと生活しにくい。
9. （　3L　　3K　　3LDK　）とは、3部屋の寝室とリビング、ダイニング、キッチンがある家のことをいう。
10. 通勤は往復3時間なので、（　1か月　　1週間　　1日　）の8分の1の時間を通勤に使っていることになる。

2 文章を読んで、その言葉を書いてください。

1. 山間部や農村地域の人口が減り、商店や病院などが少なくなっている現象。
   _____

2. 伝統的な古い日本家屋。
   _____

3. 1軒の中で、親子の世代と祖父母の世代がフロアを分けて生活できるようにした住宅。
   _____

4. 車を15分単位などの短い時間で借りて利用するシステム。
   カー_____

5. 子供の数が減ってきている現象。
   _____

Unit 3　日本の旅を楽しもう

1　（　）の中から正しいものを選んでください。

1. 初めて新幹線が走ったのは（　1954年　　1964年　　1974年　）である。
2. 新幹線の流線型のスマートなデザインは（　コスト　　プレッシャー　　スピード　）に耐え、騒音を出さないための設計でもある。
3. 開業以来、新幹線の車両が原因となる死亡事故は（　一度も　　一度しか　　数回しか　）起きていない。
4. 新幹線の正確さは（　秒単位　　分単位　　時間単位　）で管理されている。
5. 航空運賃は鉄道に比べると割高だが、（　事前　　直前　　早期　）予約割引や格安航空券なども売り出されている。
6. 国内線が就航している空港は全国に（　50　　100　　200　）近くある。
7. 日本の空港には（　特徴　　愛称　　名産　）が付いているところがある。
8. 地下鉄網の発達は都会の（　道路集中　　建物集中　　人口集中　）と密接に関連していると言える。
9. 東京メトロの1kmあたりの輸送人数は世界（　第1位　　第2位　　第3位　）である。
10. 電車や地下鉄に乗るときは（　切符　　ICカード乗車券　　回数券　）があると便利だ。

2　文章を読んで、その言葉を書いてください。

1. 新幹線に乗るとき、座席を確保するために買っておく席。

   _____

2. 交通渋滞に関係なく、定刻通りに走る都会の便利な交通機関。

   _____

3. 電車や地下鉄がいちばん混雑している朝夕の時間帯。

   通勤_____

4. ICカード乗車券をかざすだけで通れる駅の入口。

   _____

5. 観光目的の短期滞在に認められる特別なJRのパスの名前。

   _____

Unit 4 いただきます！

内容確認問題

１ （　）の中から正しいものを選んでください。

1. 人間が元気に生きていくためには、一日およそ（　1,000　　1,500　　2,000　）キロカロリーが必要だとされている。
2. カロリーベースで見て、日本人はその（　19%　　29%　　39%　）しか自給できていない。
3. （　旬　　高カロリー　　外国　）のものが食べられることは消費者にとってありがたい。
4. 2013年、（　だし　　すし　　和食　）がユネスコ無形世界遺産に登録された。
5. 1980年代から、日本の学校給食の主食は（　パン　　ごはん　　うどん　）が増えてきた。
6. 「休憩」「情報提供」「地域連携」の３つの機能を備えた施設である（　道の駅　　観光の駅　　市場の駅　）は、全国で1,000か所以上に設置されている。
7. 野菜や果物を生産者が直接持ち込んで販売する（　販直　　産直　　農直　）コーナーの人気が高い。
8. 日本には山地が多く、各地にきれいな水が湧き出す（　森林　　水源　　水道　）がある。
9. 和食の特徴の一つは、（　油性　　植物性　　動物性　）のものを使わなくても、栄養バランスの良い食事ができることだ。
10. だし汁に（　粉末　　油　　調味料　）を加えて、みそ汁やそばつゆなどを作る。

２ 文章を読んで、その言葉を書いてください。

1. フランス料理やイタリア料理など外国の食事を指す、「和食」の反対の言葉。

   _____

2. 「自分の住んでいる地域で作り、それを地域の中で食べよう」という「地域生産・地域消費」を略した言い方。

   _____

3. 全員が同じものを食べる、小学校の昼ご飯。

   _____

4. 高級なイメージの「和食」に対し、安い値段で楽しめるおいしい食べ物を指す言葉。

   _____

5. ごはんとおかずが一つの容器に入った、持ち運べる食事。

   _____

Unit 5　季節を楽しむ年中行事

1　(　)の中から正しいものを選んでください。

1. 日本には四季があり、多彩な年中（ 体操　行事　遠足 ）がある。
2. お正月には初詣に行って、その年の（ 地平　危険　平和 ）や健康を祈る。
3. 3月3日の雛祭りは（ 桜　梅　桃 ）の節句とも言われる。
4. 日本では4月が学校や官公庁、多くの会社などの（ 新年　新年度　新年会 ）で、入学式・入社式が行われる。
5. 夏が始まると、天気予報では、夏バテ対策、熱帯（ 朝　昼　夜 ）、熱中症予防などの用語が使われるようになる。
6. お盆には故郷に帰る人が多く、新幹線などは（ 帰省　通勤　高速 ）ラッシュで混雑する。
7. 10月から11月にかけて、米農家では（ 種まき　田植え　稲刈り ）の時期を迎える。
8. 12月を別の言葉で（ 如月　弥生　師走 ）と呼ぶ。
9. （ お月見　月見そば　月餅 ）の風習は平安時代に中国から日本に入ってきた。
10. 今、世界中のほとんどの国で使っている（ 時計　地図　カレンダー ）はグレゴリオ暦である。

2　文章を読んで、その言葉を書いてください。

1. 1月1日の朝のこと。

   _____

2. お正月に子供たちが親や親戚からもらうお小遣い。

   _____

3. お正月に届く、新年の挨拶が書かれたハガキ。

   _____

4. 節分で豆をまくときに言う言葉。

   「鬼は_____、福は_____」

5. 4月下旬から5月上旬にかけての、祝日が多い期間。

   _____

Unit 6 知っておきたい日本の歴史

1 （　）の中から正しいものを選んでください。

1. 縄文時代には、縄の（　模様　写真　模型　）が付いた土器を使っていた。
2. 縄文時代は、平和で秩序ある（　経済的　排他的　文化的　）な暮らしが続いていた。
3. 縄文時代とほぼ同時期には、エジプト文明、（　エチオピア文明　マケドニア文明　インダス文明　）、中国文明、メソポタミア文明があった。
4. 710年に奈良が都となり、（　天皇　将軍　武士　）を中心とした国家体制が整った。
5. 源頼朝が鎌倉に（　県庁　都　幕府　）を開き、武家政権が始まった。
6. 日本は1274年と1281年の二度にわたって、（　元　明　宋　）の襲来を受けている。
7. 1543年にポルトガルから（　鉄砲　キリスト教　生け花　）が伝えられた。
8. 16世紀に日本とポルトガルが行った交易を（　南方　南蛮　南西　）貿易と呼ぶ。
9. 明治時代、（　欧米　南米　オセアニア　）の郵便制度や学校制度が取り入れられた。
10. 21世紀の日本は、世界のあらゆる（　変化　段階　分野　）で日本人が活躍するような明るい出来事も多い。

2 文章を読んで、その言葉を書いてください。

1. （　）に入る言葉：青森県で発掘された三内丸山（　　）は、37万m²と規模が大きい。

　_____

2. 794年に京都が都になり、貴族が政治や経済の中心にいた時代。

　_____時代

3. 医学や天文学などを学ぶときに使われた言語。

　_____語

4. 江戸時代の子供たちが基礎的な知識を学んだ、学校のようなところ。

　_____

5. （　）に入る言葉：日本国憲法の三原則は「国民主権」「（　　）人権の尊重」「平和主義（戦争の放棄）」である。

　_____

Unit 7 伝統文化体験

1 (　)の中から正しいものを選んでください。

1. 日本の伝統文化と自国の文化は、形式的に異なるとしても、(　内面的　精神的　経験的　)に共通するものがあるだろう。
2. 和歌、俳句、川柳は、音節の(　数　色　質　)がポイントとなる短い詩歌である。
3. 『万葉集』は、現存する(　最新　江戸時代　最古　)の和歌集である。
4. 「百人一首」とは、100人の作者の歌を一つずつ集めて(　カード　カルタ　カルテ　)にしたものである。
5. 川柳は、楽しいことや苦しいことを(　浅く　高く　おもしろく　)詠んでいる。
6. 徳島の(　阿波踊り　風の盆　六本木音頭　)はお盆の時期のお祭りとして有名だ。
7. (　能　狂言　歌舞伎　)は、屋根のある特別な舞台で演じられる。
8. 能面は変身のための一つの手段であり、世界各地に現存する(　オペラ　舞踊劇　仮面劇　)とも共通した部分がある。
9. 歌舞伎の舞台から観客席に突き出ている部分を(　雪道　花道　近道　)という。
10. 歌舞伎では、男性役の役者が表情を強く見せるため、顔に(　シワ取り　隈取　揚げ足取り　)という模様を入れていることがある。

2 文章を読んで、その言葉を書いてください。

1. 5・7・5・7・7の31音節からなる「和歌」の別の言い方。

    _____

2. 「世界で一番短い歌」と言われる俳句の音節の数。

    _____・_____・_____の全_____音節

3. 俳句に入れる、季節を表す言葉。

    _____

4. 日本の伝統的な楽器を用い、宮中行事などで演奏される音楽。

    _____

5. 農村などで庶民のものとして育ち、お盆の時期に死者を迎える行事などに由来する踊り。

    _____

Unit 8　現代文化とポップカルチャー

1 （　）の中から正しいものを選んでください。

1. 日本の電車やバスの中では携帯電話での（　話題　　会話　　通話　）は禁止されている。
2. スマートフォンは（　10　　20　　30　）代の利用率が高い。
3. スマートフォンは、友人同士の（　手紙　　交換　　連絡　）に欠かせないツールだ。
4. スマートフォンの利用率が伸びた理由の一つは、その（　組織　　機能　　機器　）の多様性だろう。
5. 電車の中で新聞や本を広げている人が（　増えた　　減った　　落ちた　）と言われる。
6. アニメをはじめ、マンガやゲームなどのコンテンツは、今や歌舞伎や能楽などの（　古代　　伝統　　落語　）芸能と並んで日本を代表する文化となっている。
7. 学生たちに日本に（　勉強　　帰国　　留学　）する理由をたずねると、「日本のアニメを見たから」という答えを聞くことも多い。
8. アニメやマンガ、ゲーム人気は今後も（　高まり　　高め　　高く　）そうである。
9. 日本には全国各地にいろいろな（　ゆる　　さわやか　　にこ　）キャラがいる。
10. 秋葉原には、ありとあらゆる（　機会　　電気　　食品　）製品を売っている店が600軒もある。

2 文章を読んで、その言葉を書いてください。

1. 「スマートフォン」を省略したカタカナ3文字の言葉。

　_____

2. （　）に入る言葉：スマートフォンで音楽再生やメールの送受信などをするには、アプリを（　　）する必要がある。

　_____

3. 日本のアニメやマンガ、伝統工芸など、海外で人気がある日本の文化を表す言葉。

　_____ジャパン

4. アニメやゲームのキャラクターのファッションをまねすることを意味する4文字の言葉。

　_____

5. 東京の渋谷にある、縦、横、斜めの横断歩道を同時に横断できる交差点。

　_____交差点

Unit 9　スポーツの楽しみ方

1　（　）の中から正しいものを選んでください。

1．江戸時代に、相撲を職業とする力士が（　記録　　登録　　登場　）した。
2．相撲は長い歴史の中で育った日本のスポーツで、事実上の（　国技　　国体　　国運　）となっている。
3．相撲を取るとき、力士は（　着物　　髷　　まわし　）以外は何も身に着けない。
4．相撲は、あっという間に（　勝負　　試合　　結果　）が決することもある。
5．日本には（　6　　12　　24　）のプロ野球チームがある。
6．プロ野球は、競技であると同時に（　ショー　　ファッション　　ビジネス　）であり、ファンのために「見せる」スポーツである。
7．野球には、チームの中での（　個性　　協力　　力　）や、練習を重ねる勤勉性が必要である。
8．野球はアメリカから伝わったが、「野球」という言葉が日本語としてすっかり（　定着　　定番　　定住　）している。
9．野球、サッカー、相撲は、（　鑑賞　　観戦　　実行　）する人は多いが、自分でする人は多くない。
10．日本人の（　1割　　5割　　7割　）以上は、ウォーキングや軽い体操をしている。

2　文章を読んで、その言葉を書いてください。

1．相撲で、2人の力士が組み合って勝負をする場所。

　　_____

2．東京都墨田区にある、大相撲の興行のために作られた建物。

　　_____

3．あなたが知っている、大相撲の力士のしこ名。

　　_____

4．（　　）に入る言葉：プロ野球球団にはそれぞれ（　　）と呼ばれる球場があり、全国各地に散らばっている。

　　_____グラウンド

5．高校野球の試合が行われる球場の名前。

　　_____球場

Unit 10 前進を続ける科学技術

1 ( ) の中から正しいものを選んでください。

1. 日本の科学技術予算は、科学大国である（ ロシア　アメリカ　ドイツ ）や中国と比較すると格段に低い。
2. 日本の科学技術は、伝統的な（ 街づくり　ものづくり　人づくり ）の精神と最新技術を追求する姿勢が融合している。
3. 日本の企業として世界に知られている会社のほとんどは（ 小　中　大 ）企業だ。
4. 中小企業の中にも、世界に誇る製品を（ 開発　発言　存在 ）している会社が多い。
5. 針を極限まで細くし、（ 悩み　かゆみ　痛み ）を感じさせない注射針がある。
6. この内視鏡カメラは、カプセルを飲み込むだけで、体内の（ 映像　撮影　現像 ）ができる。
7. 医療現場への3Dプリンタの活用はさらに（ 高くなって　低くなって　広がって ）いくだろう。
8. 作っている会社の名前は（ 知らなくても　知らないから　知らなかったし ）、その製品は使ったことがある。
9. このパンは、賞味（ 期限　制限　限度 ）が最長で37か月もある。
10. この製品は被災地への緊急支援や国際（ 努力　協力　活力 ）にも活用されている。

2 文章を読んで、その言葉を書いてください。

1. 三次元データをもとに樹脂などを加工して立体的に造形する機器。

   _____

2. ドームの天井に映し出される星空が見られる装置。

   _____

3. （ ）に入る言葉：ふたを開けるとパンが飛び出す、パンの（ ）。

   _____

4. いつ起きるかわからない災害に備えて準備しておく食べ物。

   _____

5. 言葉を話したり仕事をしたりできるロボットに備えられているもの。

   人工_____

Unit 11 地球のためにできること

1 （ ）の中から正しいものを選んでください。

1. 大気や海水の平均温度が上昇して（ 南極　北海道　北極 ）の氷が溶け出している。
2. その原因は、（ 車　電車　飛行機 ）の排気ガスなどの温室効果ガスだとされる。
3. 日本でも、社会のあらゆるところで（ 清掃　資源　環境 ）対策が始まっている。
4. エアコンの温度調整に気をつけることで（ 不電　節電　減電 ）が可能だ。
5. 電器メーカーでも、エコを考えた新（ 作品　製品　景品 ）を次々と開発している。
6. 政府は、温室効果ガス削減のため、国を（ 作って　盛り上げて　挙げて ）さまざまな取り組みを続けている。
7. 多くの企業が、環境に（ 配慮　心配　配分 ）した製品づくりに取り組んでいる。
8. 地球（ 寒冷化　砂漠化　温暖化 ）現象は、二酸化炭素などの温室効果ガスの増加が主な原因である。
9. このままでは、地球はやがて人類の住めない（ 月　星　太陽 ）となる恐れがある。
10. 「僕たちが子供のころは、（ 涼しい　寒い　暑い ）と言ってもせいぜい30度が上限でしたよね。」

2 文章を読んで、その言葉を書いてください。

1. 20世紀の終わりから、大気や海水の平均温度が上昇している現象。

   _____化

2. スーパーなどで、買ったものを入れるために有料または無料で渡されるポリ袋。

   _____袋

3. エコ対策で使われる、英語のReduce（リデュース）、Reuse（リユース）、Recycle（リサイクル）の頭文字を表している言葉。

   _____

4. ゴミとして捨てられたものを、資源として再利用すること。

   _____

5. 暑さをしのぐため、窓の外に日陰を作るよう育てている植物。

   グリーン_____

Unit 12　教育と子供たち

内容確認問題

1　（　）の中から正しいものを選んでください。

1. 日本社会が直面している問題の一つは、少子高齢化と（　人口増加　　病人増加　　人口減少　）だ。
2. 高度成長期の後、日本の社会は豊かになったが、（　高齢　　経済　　財政　）活動を支える若い世代の人口は減り続けている。
3. 15歳未満の子供の数は（　増加　　推移　　減少　）し続け、過去最低を記録している。
4. 世界的に見てこれほど（　子供　　老人　　働く世代　）の数が減少している国は少ない。
5. 現在の日本の学校教育は、小学校（　5　　6　　7　）年、中学校3年、高等学校3年、大学4年の「6-3-3-4制」が基本である。
6. 子供たちは、早くから自制心や（　閉鎖性　　自立性　　社交性　）を備える。
7. 小学校では、ほとんどの教科を（　専任　　担任　　主任　）の先生が指導する。
8. 中学校では科目ごとに専門の先生がいるので、生徒たちは1時間ごとに（　同じ　　違う　　同様の　）先生の授業を受けることになる。
9. 給食は（　楽しい　　難しい　　めずらしい　）だけでなく、教育の一環でもある。
10. 学校生活全体を通して、「（　会話　　挨拶　　礼儀　）正しく、集団行動のできる日本人」の骨格が形成される。

2　文章を読んで、その言葉を書いてください。

1. 小学校と中学校の合計9年間の教育。
   ＿＿＿＿＿＿＿＿＿＿＿＿＿教育
2. 小学校に入る前に子供が通う教育機関。
   ＿＿＿＿＿＿＿＿＿＿＿＿＿
3. 小学校や中学校の、一週間の予定科目を書いた表。
   ＿＿＿＿＿＿＿＿＿＿＿＿＿割
4. 子供が自分たちで給食の準備をしたり、教室の掃除をしたりする役割のこと。
   給食・掃除＿＿＿＿＿＿＿＿
5. 中学校で、教科学習外で行う、体育系や文化系の活動。
   ＿＿＿＿＿＿＿＿＿＿＿＿＿活（動）

Unit 13　産業構造と経済

1 （　）の中から正しいものを選んでください。

1. 日本の産業をコーリン・クラークの産業分類に沿って見ると、第一次産業は（　工業　サービス業　農業　）、林業、水産業である。
2. 日本の産業は、IT革命以降、（　第一次　第二次　第三次　）産業の占める割合が増加しつつある。
3. 日本の農業は1960年代以降減少し、（　単一　専業　副業　）農家はわずか20％で、80％は兼業農家である。
4. 日本の工業地帯は「太平洋ベルト」に（　孤立　集中　固定　）している。
5. （　川　湖　海　）に近く、大きな港があると、完成品の輸送コストを下げられる。
6. （　漁業　工業　サービス業　）の就業者は年々増加し続けている。
7. 社会の高齢化により、（　医療　医師　医学　）・福祉サービスの必要性が高まった。
8. 2016年、訪日外国人客数が（　500万人　1,000万人　2,000万人　）を超えた。
9. 外国人観光客に向けたサービス業は、今後さらに（　事実　確実　充実　）していくと考えられる。
10. いくつかの職業は、将来、人工知能がその（　給料　役割　目的　）を担う可能性がある。

2 文章を読んで、その言葉を書いてください。

1. 「電気・ガス・水道」が分類される産業。

    第＿＿＿＿＿＿＿＿＿＿次産業

2. 品種の開発や改良が進み、おいしいお米として日本国内だけでなく海外でも人気がある米の呼び方。

    銘柄米や＿＿＿＿＿＿＿＿＿＿米

3. 東京と横浜を中心に広がっている工業地帯。

    ＿＿＿＿＿＿＿＿＿＿工業地帯

4. 「コンビニエンスストア」を略した言い方。

    ＿＿＿＿＿＿＿＿＿＿

5. 店に行かずに、インターネットで買い物をすること。

    ＿＿＿＿＿＿＿＿＿＿

Unit 14　政治と憲法

内容確認問題

1　（　）の中から正しいものを選んでください。

1. 憲法は、国民の地位や権利、義務、そして国家の基本政策など、すべての法や規則の（　踏み台　土台　高台　）となっている。
2. 明治時代、世界の近代的な国々と（　毛並み　手並み　足並み　）をそろえるために憲法の制定が必要になった。
3. 制定にあたって、ヨーロッパのプロイセン憲法を（　標本　手本　見本　）とした。
4. 大日本帝国憲法では（　国民　総理大臣　天皇　）に国を統治する権限があった。
5. （　国会　内閣　裁判所　）は、法律を制定する立法権を持つ。
6. 国会・内閣・裁判所は、ほかの機関の行為や決定を（　尊厳　尊敬　尊重　）し合っている。
7. 内閣総理大臣（首相）は、（　内閣　国会　裁判所　）によって国会議員の中から指名される。
8. 日本の国会は衆議院と（　壱議員　弐議員　参議院　）で構成されている。
9. 国会議員は（　国民の選挙　総理大臣の指名　国会議員の応援　）によって選ばれる。
10. 日本の国民はテレビを通じて、国会で（　選挙　報道　法律　）が決まる様子を理解できる。

2　文章を読んで、その言葉を書いてください。

1. 空気や水のように普段はあまり意識することがないが、国家の基本となっている法律。

   _____

2. 明治時代に言われた、「アジアから脱して西欧諸国の仲間入りをする」という考え方。

   _____

3. 日本国憲法で採用されている、国会・内閣・裁判所がそれぞれ独立している仕組み。

   _____

4. 衆議院と参議院の二つで構成されている、日本の国会の制度。

   _____

5. 議員が質問して内閣の担当閣僚が答えたりする国会の様子を放送するテレビ番組。

   _____

Unit 15　多文化共生社会を目指して

1 （　）の中から正しいものを選んでください。

1. 日本国内の在留外国人数は年々（　減少　　平均　　増加　）している。
2. 2015年現在、日本に暮らしている人の（　10　　100　　1000　）人に1人は外国人だ。
3. 短期滞在者の中では、（　学会　　観光　　出張　）で日本を訪れる外国人の数が著しい増加を見せている。
4. 「オールジャパン」という言葉は、政府、（　学校　　スポーツチーム　　経済界　）、地域など、みんなが協力して外国人の観光客を迎えましょう、という姿勢を表現している。
5. 英語、中国語、韓国語をはじめ（　共通語　　多言語　　日本語　）での対応が可能な観光案内所などを増やすことを目指す。
6. 異なる文化・言語を持つ人々と共に（　立つ　　移動する　　生きる　）ことで、「多様性のある文化や言語」を共有することができる。
7. 総務省の報告書では、（　地域　　海外　　首都　）における外国人支援の必要性が述べられている。
8. 「日本に（　来る　　来た　　来ている　）前の印象と現実は同じでしたか」
9. 「普通に話す日本語はテキストと（　少しも　　あまり　　ぜんぜん　）違っていました」
10. 「重要な単語を（　書く　　話す　　聞き取る　）ことで、意味は大体想像できます」

2 文章を読んで、その言葉を書いてください。

1. 2015年現在、在留外国人が最も多い都道府県。
   _____
2. 2015年現在、「永住者」に次いで多い、日本に滞在する外国人の在留資格。
   _____
3. 2の答えの次に多い、日本に滞在する外国人の在留資格。
   _____
4. 国籍や文化、宗教、言語にかかわりなく「お互いの違い」を認め、平等に暮らせる社会。
   _____社会
5. 「口に出して言うことは簡単でも、それを行動に移すのは難しい」という意味の慣用句。
   _____は易く_____は難し

Unit 1 日本ってどんな国？

風景（ふうけい）
杉（すぎ）

Section 1

1.

面積（めんせき）
ほぼ
東経（とうけい）
～度（～ど）
北緯（ほくい）
位置（いち）
四方（しほう）
囲む（かこむ）
列島（れっとう）
見慣れる（みなれる）
端（はし）
浮かぶ（うかぶ）
島国（しまぐに）
記載（きさい）
地球（ちきゅう）
陸地（りくち）
約～（やく～）
ロシア連邦（ロシアれんぽう）
～分の～（～ぶんの～）
アメリカ合衆国
　（アメリカがっしゅうこく）
中華人民共和国
　（ちゅうかじんみんきょうわこく）
総～（そう～）
～弱（～じゃく）
国土（こくど）
抱える（かかえる）

2.

四季（しき）
変化（へんか）
天気予報（てんきよほう）
北海道（ほっかいどう）
本州（ほんしゅう）
四国（しこく）
九州（きゅうしゅう）
沖縄（おきなわ）
本島（ほんとう）

北東（ほくとう）
南西（なんせい）
弓（ゆみ）
～型（～がた）
連なる（つらなる）
富む（とむ）
比較的（ひかくてき）
温暖な（おんだんな）
気候（きこう）
盆地（ぼんち）
京都（きょうと）
避暑地（ひしょち）
軽井沢（かるいざわ）
気温（きおん）
日本海（にほんかい）
金沢（かなざわ）
数～（すう～）
積もる（つもる）
ブーゲンビリア
南国（なんごく）
出歩く（であるく）
違い（ちがい）
移り変わり（うつりかわり）
感じる（かんじる）
花粉症（かふんしょう）
くしゃみ
鼻水（はなみず）
鼻づまり（はなづまり）
かゆみ
症状（しょうじょう）
アレルギー反応
　（アレルギーはんのう）
主に（おもに）
ヒノキ
引き起こす（ひきおこす）
気象庁（きしょうちょう）
花粉飛散情報
　（かふんひさんじょうほう）
発表（はっぴょう）
訪れ（おとずれ）
桜（さくら）

開花予想（かいかよそう）
鹿児島（かごしま）
下旬（げじゅん）
東部（とうぶ）
釧路（くしろ）
北上（ほくじょう）
全国（ぜんこく）
都市（とし）
等圧線（とうあつせん）
桜前線（さくらぜんせん）
企業（きぎょう）
年度（ねんど）
入社式（にゅうしゃしき）
新入生（しんにゅうせい）
社員（しゃいん）
スタート
イメージ
重ねる（かさねる）
降水量（こうすいりょう）
特徴（とくちょう）
時期（じき）
梅雨（つゆ）
各～（かく～）
地方（ちほう）
気象台（きしょうだい）
梅雨入り（つゆいり）
梅雨前線（ばいうぜんせん）
用語（ようご）
農家（のうか）
田植え（たうえ）
稲（いね）
育つ（そだつ）
梅雨明け（つゆあけ）
蒸し暑い（むしあつい）
最高（さいこう）
夏日（なつび）
真夏日（まなつび）
影響（えいきょう）
猛暑日（もうしょび）
熱帯夜（ねったいや）
シーズン

熱帯低気圧（ねったいていきあつ）
発達（はったつ）
発生（はっせい）
〜順（〜じゅん）
〜号（〜ごう）
大雨（おおあめ）
暴風（ぼうふう）
伴う（ともなう）
接近（せっきん）
上陸（じょうりく）
洪水（こうずい）
災害（さいがい）
もたらす
稲刈り（いねかり）
重なる（かさなる）
収穫（しゅうかく）
勢力（せいりょく）
進路（しんろ）
予想（よそう）
現在（げんざい）
太平洋（たいへいよう）
最新の（さいしんの）
促す（うながす）
深まる（ふかまる）
紅葉（こうよう）
染まる（そまる）
表現（ひょうげん）
逆（ぎゃく）
移動（いどう）
山間部（さんかんぶ）

積雪（せきせつ）
超える（こえる）
乾燥（かんそう）
注意報（ちゅういほう）
火災（かさい）
呼び掛ける（よびかける）

3. --------------------------------
火山（かざん）
森林（しんりん）
火山脈（かざんみゃく）
噴火活動（ふんかかつどう）
観測（かんそく）
一方（いっぽう）
各地（かくち）
質（しつ）
温泉（おんせん）
人気（にんき）
観光地（かんこうち）
山地（さんち）
覆う（おおう）
都心（としん）
広がる（ひろがる）
自然（しぜん）
触れる（ふれる）
登山（とざん）
富士山（ふじさん）
ブナ
原生林（げんせいりん）
白神山地（しらかみさんち）
紀伊山地（きいさんち）

世界遺産（せかいいさん）
指定（してい）

Section 2

成田（なりた）
到着ロビー（とうちゃくロビー）
〜課（〜か）
歓迎（かんげい）
マドリード
ようこそ
プラカード
迎える（むかえる）
満開（まんかい）
憧れ（あこがれ）
南北（なんぼく）
細長い（ほそながい）
東北（とうほく）
ゼミ
そろう
名所（めいしょ）
梅（うめ）
桃（もも）
チューリップ
ベトナム
常夏（とこなつ）
祭り（まつり）
屋台（やたい）
ジャカランダ
紫色（むらさきいろ）
アーモンド

Unit 2 都市の暮らし・地方の暮らし

暮らし（くらし）
囲炉裏（いろり）

Section 1

1. --------------------------------
占める（しめる）
残り（のこり）
平地（へいち）
集中（しゅうちゅう）
都道府県（とどうふけん）
東京（とうきょう）

神奈川（かながわ）
大阪（おおさか）
政令指定都市
　（せいれいしていとし）
条件（じょうけん）
制度（せいど）
創設（そうせつ）
横浜（よこはま）
名古屋（なごや）
神戸（こうべ）

従う（したがう）
傾向（けいこう）
各国（かっこく）
共通（きょうつう）
現象（げんしょう）
交通網（こうつうもう）
中心部（ちゅうしんぶ）
住宅（じゅうたく）
片道（かたみち）
通勤（つうきん）

語彙リスト

福岡（ふくおか）
川崎（かわさき）
さいたま

2.

地方創生（ちほうそうせい）
農村（のうそん）
過疎化（かそか）
減少（げんしょう）
商店（しょうてん）
減る（へる）
通院（つういん）
世代（せだい）
生まれ育つ（うまれそだつ）
故郷（こきょう）
離れる（はなれる）
〜ざるを得ない（〜ざるをえない）
高齢者（こうれいしゃ）
取り残される（とりのこされる）
悪循環（あくじゅんかん）
市町村（しちょうそん）
取り組み（とりくみ）
家賃（やちん）
政府（せいふ）
二地域居住（にちいききょじゅう）
キーワード
活性化（かっせいか）
政策（せいさく）
進める（すすめる）
独自の（どくじの）
保つ（たもつ）
豊か（ゆたか）
カギ

3.

古民家（こみんか）
ブーム
文字（もじ）
民家（みんか）
伝統的な（でんとうてきな）
家屋（かおく）
指す（さす）
土地（とち）
風土（ふうど）

見直す（みなおす）
取り壊す（とりこわす）
もったいない
近年（きんねん）
注目（ちゅうもく）
再生（さいせい）
数多く（かずおおく）
プロジェクト
背景（はいけい）
対する（たいする）
意識（いしき）
高まる（たかまる）
不動産（ふどうさん）
広告（こうこく）
物件（ぶっけん）
価格（かかく）
リノベーション
ヒント
提起（ていき）
世帯（せたい）
人数（にんずう）
間取り（まどり）
大都市（だいとし）
〜圏（〜けん）
反映（はんえい）
祖父母（そふぼ）
光景（こうけい）
物語る（ものがたる）
都会（とかい）
広さ（ひろさ）
自体（じたい）
同居（どうきょ）
二世帯住宅（にせたいじゅうたく）
〜軒（〜けん）
フロア
分ける（わける）
独立性（どくりつせい）
工夫（くふう）
暮らす（くらす）
スタイル
鍋（なべ）
煮る（にる）

目に浮かべる（めにうかべる）
畑（はたけ）
持ち寄る（もちよる）
語り合う（かたりあう）
自然に（しぜん）
高度経済成長
　（こうどけいざいせいちょう）
とげる
近所付き合い（きんじょづきあい）
価値（かち）
意識的な（いしきてきな）
グラフ
農業者（のうぎょうしゃ）
激減（げきげん）
広大な（こうだい）
〜付き（〜つき）
後継ぎ（あとつぎ）
従事（じゅうじ）
現状（げんじょう）
映し出す（うつしだす）
駐車（ちゅうしゃ）
スペース
示す（しめす）
全員（ぜんいん）
自宅（じたく）
駐車場（ちゅうしゃじょう）
自家用車（じかようしゃ）
カーシェアリング
定着（ていちゃく）
レンタカー
単位（たんい）
システム
手段（しゅだん）

Section 2

ホームステイ
寝室（しんしつ）
リビング
ダイニング
キッチン
平均的な（へいきんてきな）
和室（わしつ）
マンション

一戸建て（いっこだて）
バルコニー
〜群（〜ぐん）
お招き（おまねき）
夕食（ゆうしょく）

歓迎会（かんげいかい）
翌朝（よくあさ）
鮭（さけ）
塩焼き（しおやき）
和風（わふう）

和食（わしょく）
乗り換える（のりかえる）
通学（つうがく）
往復（おうふく）
スマホ

Unit 3 日本の旅を楽しもう

旅（たび）

Section 1

1.

正確な（せいかくな）
新幹線（しんかんせん）
新大阪（しんおおさか）
つなぐ
東海道（とうかいどう）
路線（ろせん）
〜数（〜すう）
開業（かいぎょう）
車両（しゃりょう）
流線型（りゅうせんけい）
実に（じつに）
スマートな
デザイン
単に（たんに）
外見（がいけん）
スピード
耐える（たえる）
騒音（そうおん）
時速（じそく）
高速（こうそく）
抵抗（ていこう）
車体（しゃたい）
要求（ようきゅう）
列車（れっしゃ）
付く（つく）
ホーム
のぞみ
到着（とうちゃく）
アナウンス
迷う（まよう）
神話（しんわ）
以来（いらい）

乗客（じょうきゃく）
死亡（しぼう）
トンネル
高架（こうか）
踏切（ふみきり）
走り抜ける（はしりぬける）
要因（よういん）
年間（ねんかん）
国土交通省（こくどこうつうしょう）
鉄道（てつどう）
時刻表（じこくひょう）
〜通り（〜どおり）
秒（びょう）
管理（かんり）
運休（うんきゅう）
同時（どうじ）
重視（じゅうし）

2.

長距離（ちょうきょり）
札幌（さっぽろ）
那覇（なは）
お勧め（おすすめ）
航空（こうくう）
運賃（うんちん）
割高（わりだか）
早期（そうき）
割引（わりびき）
格安券（かくやすこうくうけん）
売り出す（うりだす）
交通費（こうつうひ）
飛び乗る（とびのる）
メリット
指定席（していせき）
座席（ざせき）
確保（かくほ）

デメリット
短時間（たんじかん）
目的地（もくてきち）
ルート
参考（さんこう）
国内線（こくないせん）
就航（しゅうこう）
関東（かんとう）
直行便（ちょっこうびん）
特色（とくしょく）
表す（あらわす）
愛称（あいしょう）

3.

都市部（としぶ）
渋滞（じゅうたい）
定刻（ていこく）
排気ガス（はいきガス）
環境（かんきょう）
公共（こうきょう）
宮城（みやぎ）
仙台（せんだい）
愛知（あいち）
兵庫（ひょうご）
重要な（じゅうような）
機関（きかん）
関連（かんれん）
東京メトロ（とうきょうメトロ）
運営（うんえい）
輸送（ゆそう）

4.

刻み（きざみ）
運行（うんこう）
ダイヤ
同様（どうよう）
JR（ジェイアール）

私鉄（してつ）
悪天候（あくてんこう）
〜限り（〜かぎり）
間隔（かんかく）
発着（はっちゃく）
迷惑（めいわく）
流れる（ながれる）
朝夕（あさゆう）
ラッシュ
満員（まんいん）
イヤホン
携帯（けいたい）
端末（たんまつ）
画面（がめん）
眺める（ながめる）
居眠り（いねむり）
車内（しゃない）

5.
複数（ふくすう）
都営（とえい）
料金（りょうきん）
アプリ
検索（けんさく）
回数（かいすう）
選択（せんたく）
優先（ゆうせん）
経路（けいろ）

6.
ICカード乗車券（アイシーカードじょうしゃけん）
プリペイド式（プリペイドしき）
窓口（まどぐち）
自動券売機（じどうけんばいき）
チャージ
自動改札（じどうかいさつ）
かざす
金額（きんがく）
精算（せいさん）
電子マネー（でんしマネー）
売店（ばいてん）
支払い（しはらい）
首都圏（しゅとけん）
発行（はっこう）
東日本（ひがしにほん）
スイカ
パスモ
相互（そうご）

Section 2
古都（こと）
今回（こんかい）
学割（がくわり）
証明書（しょうめいしょ）
短期（たんき）
滞在（たいざい）
認める（みとめる）
一定（いってい）
期間（きかん）
〜放題（〜ほうだい）
為替レート（かわせレート）
絶対に（ぜったいに）
日光（にっこう）
日帰り（ひがえり）
青春（せいしゅん）
乗り降り（のりおり）
得（とく）
道路（どうろ）
人力車（じんりきしゃ）
明治（めいじ）
車夫（しゃふ）
トロッコ
川下り（かわくだり）

Unit 4 いただきます！

Section 1

1.
自給率（じきゅうりつ）
食品（しょくひん）
輸出入（ゆしゅつにゅう）
人間（にんげん）
キロカロリー
カロリー
〜ベース
自給（じきゅう）
カナダ
フランス
〜率（〜りつ）
誇る（ほこる）
余剰（よじょう）
〜源（〜げん）
補給（ほきゅう）
落ち込む（おちこむ）
食生活（しょくせいかつ）
当時（とうじ）
主食（しゅしょく）
中心（ちゅうしん）
ファミリーレストラン
誕生（たんじょう）
スパゲティ
次第に（しだいに）
取り入れる（とりいれる）
洋食（ようしょく）
急速に（きゅうそくに）
支える（ささえる）
量（りょう）
乳製品（にゅうせいひん）
畜産物（ちくさんぶつ）
油脂（ゆし）
〜類（〜るい）
日常（にちじょう）
ウエイト

2.
地産地消（ちさんちしょう）
給食（きゅうしょく）
〜産（〜さん）
目立つ（めだつ）
重要視（じゅうようし）
消費（しょうひ）
略す（りゃくす）
動き（うごき）
産地（さんち）
食卓（しょくたく）

距離（きょり）
新鮮な（しんせんな）
旬（しゅん）
消費者（しょうひしゃ）
健康（けんこう）
守る（まもる）
ありがたい
存在（そんざい）
流通（りゅうつう）
コスト
トラック
二酸化炭素（にさんかたんそ）
排出（はいしゅつ）
抑える（おさえる）
つながる
メニュー
〜年代（〜ねんだい）
おかず
拡大（かくだい）
献立（こんだて）
当然（とうぜん）
与える（あたえる）
地元（じもと）
素材（そざい）

3. ----------------------------------
普及（ふきゅう）
上質な（じょうしつな）
海外（かいがい）
好む（このむ）
抹茶（まっちゃ）
独特の（どくとくの）
広まる（ひろまる）
調味料（ちょうみりょう）
だし
通じる（つうじる）
奥の深さ（おくのふかさ）
志向（しこう）
ユネスコ無形文化遺産
　（ユネスコむけいぶんかいさん）
登録（とうろく）
今後（こんご）
課題（かだい）

固有の（こゆうの）
優れる（すぐれる）
伝統（でんとう）
期待（きたい）

4. ----------------------------------
ドライブ
立ち寄る（たちよる）
カフェ
農産物（のうさんぶつ）
直売（ちょくばい）
コーナー
のぞく
土産物（みやげもの）
休憩（きゅうけい）
情報提供（じょうほうていきょう）
地域連携（ちいきれんけい）
機能（きのう）
備える（そなえる）
施設（しせつ）
〜か所（〜かしょ）
特産品（とくさんひん）
商品（しょうひん）
直接（ちょくせつ）
持ち込む（もちこむ）
販売（はんばい）
産直（さんちょく）
産地直送（さんちちょくそう）
農業（のうぎょう）
漁業（ぎょぎょう）
営む（いとなむ）
役割（やくわり）
果たす（はたす）

5. ----------------------------------
湧き出す（わきだす）
水源（すいげん）
環境省（かんきょうしょう）
昭和（しょうわ）
名水百選（めいすいひゃくせん）
平成（へいせい）
合計（ごうけい）
選定（せんてい）
考慮（こうりょ）

芽生える（めばえる）
ペットボトル
市販（しはん）
パッケージ
採水地（さいすいち）
こだわる
ただ
生み出す（うみだす）

6. ----------------------------------
B級グルメ（ビーきゅうグルメ）
ご当地（ごとうち）
高級な（こうきゅうな）
手ごろな（てごろな）
気軽に（きがるに）
名物（めいぶつ）
地域振興（ちいきしんこう）
町おこし（まちおこし）
きっかけ
代表（だいひょう）
ラーメン
行列（ぎょうれつ）
伝わる（つたわる）
発展（はってん）
ざんぎ
香川（かがわ）
讃岐うどん（さぬきうどん）
根差す（ねざす）

7. ----------------------------------
ショッピングセンター
フードコート

Section 2

経営（けいえい）
明確な（めいかくな）
目標（もくひょう）
割烹（かっぽう）
ベジタリアン
〜性（〜せい）
栄養（えいよう）
バランス
前後（ぜんご）
さすが
若者（わかもの）

増える（ふえる）
中華（ちゅうか）
医食同源（いしょくどうげん）

最適（さいてき）
本場（ほんば）
ふるさと

なつかしい
支店（してん）
実現（じつげん）

Unit 5 季節を楽しむ年中行事

年中行事（ねんちゅうぎょうじ）
お節調理（おせちちょうり）
材料（ざいりょう）

Section 1

多彩な（たさいな）
由来（ゆらい）
イベント
加わる（くわわる）
手帳（てちょう）
書き込む（かきこむ）
代表的な（だいひょうてきな）

1月

元日（がんじつ）
元旦（がんたん）
地平線（ちへいせん）
昇る（のぼる）
太陽（たいよう）
雑煮（ぞうに）
餅（もち）
汁物（しるもの）
年末（ねんまつ）
セット
親（おや）
親戚（しんせき）
小遣い（こづかい）
お年玉（おとしだま）
凧上げ（たこあげ）
羽根つき（はねつき）
コマ回し（こままわし）
道路事情（どうろじじょう）
見かける（みかける）
現代（げんだい）
初詣（はつもうで）
平和（へいわ）
届く（とどく）
新年（しんねん）
年賀状（ねんがじょう）

メール
SNS（エスエヌエス）
謹賀新年（きんがしんねん）
干支（えと）
成人の日（せいじんのひ）
年齢（ねんれい）
成人式（せいじんしき）

2月

北部（ほくぶ）
立春（りっしゅん）
旧暦（きゅうれき）
当たる（あたる）
暦（こよみ）
節分（せつぶん）
豆まき（まめまき）
鬼（おに）
福（ふく）
災い（わざわい）
幸せ（しあわせ）
願い（ねがい）
込める（こめる）
バレンタインデー
愛（あい）
告白（こくはく）
圧倒的（あっとうてき）
ラッピング
贈る（おくる）
本命（ほんめい）
職場（しょくば）
義理（ぎり）
〜同士（〜どうし）
友（とも）
購入（こうにゅう）

3月

雛祭り（ひなまつり）
健やかな（すこやかな）
成長（せいちょう）

雛人形（ひなにんぎょう）
〜段（〜だん）
女雛（めびな）
男雛（おびな）
内裏雛（だいりびな）
合わせる（あわせる）
節句（せっく）
ホワイトデー
お返し（おかえし）
立場（たちば）
内容（ないよう）
悩む（なやむ）
幼稚園（ようちえん）
保育園（ほいくえん）
卒園（そつえん）
比較（ひかく）

4月

官公庁（かんこうちょう）
新年度（しんねんど）
ランドセル
背負う（せおう）
年生（ねんせい）
身を包む（みをつつむ）
ほほえましい
光景（こうけい）
そよ風（そよかぜ）
新入社員（しんにゅうしゃいん）
兼ねる（かねる）

5月

上旬（じょうじゅん）
祝日（しゅくじつ）
ゴールデンウイーク
休暇（きゅうか）
長期（ちょうき）
可能（かのう）
レジャー
こどもの日（こどものひ）

端午（たんご）
鎧（よろい）
兜（かぶと）
大空（おおぞら）
鯉のぼり（こいのぼり）
はためく
制定（せいてい）

6月 -------------------------------

唯一の（ゆいいつの）
降り続く（ふりつづく）
鴨川（かもがわ）
蛍（ほたる）
夏服（なつふく）
着替える（きがえる）
衣替え（ころもがえ）
制服（せいふく）
替わる（かわる）
夏至（げし）

7月 -------------------------------

祈願（きがん）
海開き（うみびらき）
山開き（やまびらき）
一般的（いっぱんてき）
学期（がっき）
終業式（しゅうぎょうしき）
湿度（しつど）
夏バテ（なつバテ）
対策（たいさく）
熱中症（ねっちゅうしょう）
予防（よぼう）

8月 -------------------------------

お盆（おぼん）
仏教（ぶっきょう）
過ごす（すごす）
帰省（きせい）
混雑（こんざつ）
盆踊り（ぼんおどり）
花火大会（はなびたいかい）
開催（かいさい）
夏祭り（なつまつり）

9月 -------------------------------

敬老の日（けいろうのひ）

多年（たねん）
わたる
つくす
老人（ろうじん）
敬愛（けいあい）
長寿（ちょうじゅ）
平均（へいきん）
寿命（じゅみょう）
伸びる（のびる）
秋分の日（しゅうぶんのひ）
残暑（ざんしょ）
収まる（おさまる）
一段と（いちだんと）
鳴き声（なきごえ）
擬音語（ぎおんご）

10月 -------------------------------

冬服（ふゆふく）
クールビズ
ウォームビス
スポーツの日（スポーツのひ）
開会式（かいかいしき）
運動会（うんどうかい）
農作物（のうさくぶつ）
店先（みせさき）
食欲（しょくよく）
読書（どくしょ）
芸術（げいじゅつ）
行楽（こうらく）
実り（みのり）

11月 -------------------------------

勤労感謝の日
　（きんろうかんしゃのひ）
新嘗祭（にいなめさい）
宮中祭祀（きゅうちゅうさいし）
受け継ぐ（うけつぐ）
晴れ着（はれぎ）
七五三（しちごさん）
姿（すがた）
千歳飴（ちとせあめ）

12月 -------------------------------

師走（しわす）
師（し）

説（せつ）
年始（ねんし）
仕事納め（しごとおさめ）
門松（かどまつ）
しめ飾り（しめかざり）
大晦日（おおみそか）
年越し（としこし）
麺（めん）
切れる（きれる）
起こる（おこる）

Section 2

後期（こうき）
再開（さいかい）
中秋節（ちゅうしゅうせつ）
帰国（きこく）
月見（つきみ）
月餅（げっぺい）
高価な（こうかな）
過ぎる（すぎる）
値下がり（ねさがり）
クリスマスケーキ
名月（めいげつ）
満月（まんげつ）
風習（ふうしゅう）
平安（へいあん）
十五夜（じゅうごや）
団子（だんご）
すすき
十三夜（じゅうさんや）
十六夜（いざよい）
はさむ
鑑賞（かんしょう）
対象（たいしょう）
卵（たまご）
黄身（きみ）
身近な（みぢかな）
春節（しゅんせつ）
グレゴリオ暦（グレゴリオれき）
新暦（しんれき）
太陽暦（たいようれき）
東アジア（ひがしアジア）

Unit 6 知っておきたい日本の歴史

～世紀（～せいき）

Section 1

大陸（たいりく）
推測（すいそく）
人類（じんるい）
確認（かくにん）
旧石器（きゅうせっき）
年表（ねんぴょう）
流れ（ながれ）
沿う（そう）
主な（おもな）

縄文・弥生

縄文（じょうもん）
弥生（やよい）
縄（なわ）
文様（もんよう）
模様（もよう）
土器（どき）
用いる（もちいる）
竪穴式（たてあなしき）
住居（じゅうきょ）
狩猟（しゅりょう）
採集（さいしゅう）
青森（あおもり）
三内丸山遺跡
　（さんないまるやまいせき）
集落（しゅうらく）
発掘（はっくつ）
秩序（ちつじょ）
紀元（きげん）
稲作（いなさく）
定住（ていじゅう）
佐賀（さが）
吉野ヶ里遺跡（よしのがりいせき）

奈良・平安

奈良（なら）
平城京（へいじょうきょう）
天皇（てんのう）
国家（こっか）
体制（たいせい）
整う（ととのう）

私有地（しゆうち）
許す（ゆるす）
桓武天皇（かんむてんのう）
移す（うつす）
平安京（へいあんきょう）
朝廷（ちょうてい）
仕える（つかえる）
貴族（きぞく）
中期（ちゅうき）
税（ぜい）
取り立て（とりたて）
不満（ふまん）
反乱（はんらん）
武器（ぶき）
農民（のうみん）
武士（ぶし）
集団（しゅうだん）
源氏（げんじ）
平氏（へいし）
有力な（ゆうりょくな）
武士団（ぶしだん）
戦い（たたかい）
争う（あらそう）

鎌倉から安土桃山

鎌倉（かまくら）
安土桃山（あづちももやま）
壇ノ浦の戦い
　（だんのうらのたたかい）
敗れる（やぶれる）
滅亡（めつぼう）
征夷大将軍（せいいたいしょうぐん）
任じる（にんじる）
源頼朝（みなもとのよりとも）
幕府（ばくふ）
武家（ぶけ）
政権（せいけん）
フビライ・ハン
元（げん）
襲来（しゅうらい）
元寇（げんこう）
足利尊氏（あしかがたかうじ）

室町（むろまち）
能（のう）
狂言（きょうげん）
茶の湯（ちゃのゆ）
生け花（いけばな）
南蛮貿易（なんばんぼうえき）
ヨーロッパ
ポルトガル
鉄砲（てっぽう）
フランシスコ・ザビエル
キリスト教（キリストきょう）
末期（まっき）
戦国（せんごく）
織田信長（おだのぶなが）
滅ぼす（ほろぼす）
家臣（かしん）
豊臣秀吉（とよとみひでよし）
統一（とういつ）
城（しろ）

江戸

江戸（えど）
死後（しご）
関ヶ原の戦い
　（せきがはらのたたかい）
勝利（しょうり）
徳川家康（とくがわいえやす）
～氏（～し）
支配（しはい）
慶喜（よしのぶ）
幕藩体制（ばくはんたいせい）
藩（はん）
領地（りょうち）
大名（だいみょう）
武家諸法度（ぶけしょはっと）
鎖国（さこく）
禁教令（きんきょうれい）
宣教師（せんきょうし）
追放（ついほう）
来航（らいこう）
完成（かんせい）
庶民（しょみん）

歌舞伎（かぶき）
俳諧（はいかい）
浮世絵（うきよえ）
天文学（てんもんがく）
学ぶ（まなぶ）
蘭学（らんがく）
学問（がくもん）
五街道（ごかいどう）
東海道（とうかいどう）
中山道（なかせんどう）
日光街道（にっこうかいどう）
奥州街道（おうしゅうかいどう）
甲州街道（こうしゅうかいどう）
主要な（しゅような）
整備（せいび）
行き来（ゆきき）
参勤交代（さんきんこうたい）
交流（こうりゅう）
活発な（かっぱつな）
寺子屋（てらこや）
そろばん
基礎的な（きそてきな）
知識（ちしき）
識字率（しきじりつ）

明治以降 --------------------------
〜以降（〜いこう）
浦賀（うらが）
軍艦（ぐんかん）
開国（かいこく）
求める（もとめる）
翌（よく）
日米和親条約
　（にちべいわしんじょうやく）
結ぶ（むすぶ）
終了（しゅうりょう）
日米修好通商条約（にちべいしゅ
　うこうつうしょうじょうやく）
倒す（たおす）
近代（きんだい）
盛り上がる（もりあがる）
大政奉還（たいせいほうかん）
組織（そしき）

基本（きほん）
方針（ほうしん）
五箇条の御誓文
　（ごかじょうのごせいもん）
公布（こうふ）
首都（しゅと）
治める（おさめる）
行政（ぎょうせい）
廃藩置県（はいはんちけん）
欧米（おうべい）
郵便（ゆうびん）
導入（どうにゅう）
大日本帝国憲法
　（だいにほんていこくけんぽう）
発布（はっぷ）
稀な（まれな）
建設（けんせつ）
大正（たいしょう）
日清戦争（にっしんせんそう）
日露戦争（にちろせんそう）
第一次世界大戦
　（だいいちじせかいたいせん）
第二次世界大戦
　（だいにじせかいたいせん）
施行（しこう）
日本国憲法（にほんこくけんぽう）
主義（しゅぎ）
人権（じんけん）
尊重（そんちょう）
放棄（ほうき）
原則（げんそく）
歩む（あゆむ）
少子高齢化（しょうしこうれいか）
相次ぐ（あいつぐ）
直面（ちょくめん）
分野（ぶんや）
活躍（かつやく）
出来事（できごと）
ノーベル賞（ノーベルしょう）
受賞者（じゅしょうしゃ）
人文科学（じんぶんかがく）
〜界（〜かい）

絵画（かいが）
人材（じんざい）
輩出（はいしゅつ）
震災（しんさい）
乗り越える（のりこえる）
方向（ほうこう）

Section 2

東大寺（とうだいじ）
大仏殿（だいぶつでん）
記録（きろく）
日本書紀（にほんしょき）
権力（けんりょく）
官僚（かんりょう）
民衆（みんしゅう）
納税（のうぜい）
兵役（へいえき）
縛る（しばる）
構造（こうぞう）
建造費（けんぞうひ）
延べ（のべ）
関わる（かかわる）
春日大社（かすがたいしゃ）
興福寺（こうふくじ）
五重の塔（ごじゅうのとう）
シカ
せんべい
清水寺（きよみずでら）
源氏物語（げんじものがたり）
登場（とうじょう）
枕草子（まくらのそうし）
随筆（ずいひつ）
縁日（えんにち）
にぎわう
舞台（ぶたい）
作者（さくしゃ）
紫式部（むらさきしきぶ）
清少納言（せいしょうなごん）
仮名文字（かなもじ）
世界文化遺産
　（せかいぶんかいさん）

Unit 7 伝統文化体験

Section 1

〜以前（〜いぜん）
渾然と（こんぜんと）
取り上げる（とりあげる）
自国（じこく）
形式的に（けいしきてきに）
異なる（ことなる）
精神的に（せいしんてきに）
発見（はっけん）

1.
和歌（わか）
俳句（はいく）
川柳（せんりゅう）
音節（おんせつ）
ポイント
詩歌（しいか）
詠む（よむ）
短歌（たんか）
〜首（〜しゅ）
数える（かぞえる）
万葉集（まんようしゅう）
現存（げんそん）
最古（さいこ）
カルタ
百人一首（ひゃくにんいっしゅ）
〜句（〜く）
季語（きご）
分類（ぶんるい）
読者（どくしゃ）
作品（さくひん）
投稿（とうこう）
関する（かんする）
書籍（しょせき）
苦しい（くるしい）
定期的に（ていきてきに）

2.
雅楽（ががく）
楽器（がっき）
演奏（えんそう）
公演（こうえん）
宮内庁（くないちょう）
重要無形文化財（じゅうようむけいぶんかざい）
舞い（まい）
伝来（でんらい）
融合（ゆうごう）
笛（ふえ）
琴（こと）
加える（くわえる）
笙（しょう）
ひちりき
管楽器（かんがっき）
琵琶（びわ）
弦楽器（げんがっき）
太鼓（たいこ）
打楽器（だがっき）
対照的（たいしょうてき）
死者（ししゃ）
宗教的（しゅうきょうてき）
薄れる（うすれる）
徳島（とくしま）
阿波踊り（あわおどり）
富山（とやま）
風の盆（かぜのぼん）
三味線（しゃみせん）
浴衣（ゆかた）
法被（はっぴ）
普段着（ふだんぎ）
参加（さんか）

3.
床（ゆか）
切り込み（きりこみ）
場面（ばめん）
仕掛け（しかけ）
廻り舞台（まわりぶたい）
突き出る（つきでる）
設ける（もうける）
通路状（つうろじょう）
花道（はなみち）
間近（まぢか）
表情（ひょうじょう）
女形（おんながた）
振る舞う（ふるまう）
台詞（せりふ）
様子（ようす）
評する（ひょうする）
隈取（くまどり）
善人（ぜんにん）
〜系（〜けい）
悪人（あくにん）
判断（はんだん）
演目（えんもく）
全幕（ぜんまく）
含める（ふくめる）
観る（みる）
一幕見（ひとまくみ）
チケット
程度（ていど）
解説（かいせつ）
ガイド
銀座（ぎんざ）
歌舞伎座（かぶきざ）
新築（しんちく）
造り（つくり）
展示（てんじ）
ギャラリー

4.
能楽（のうがく）
総称（そうしょう）
猿楽（さるがく）
唐（とう）
手品（てじな）
曲芸（きょくげい）
散楽（さんがく）
大衆（たいしゅう）
物まね（ものまね）
猿（さる）
ちなむ
滑稽（こっけい）
舞踏劇（ぶとうげき）
対話劇（たいわげき）
演じる（えんじる）
屋根（やね）

装置（そうち）
観客（かんきゃく）
囃子（はやし）
役者（やくしゃ）
ストーリー
類推（るいすい）
能面（のうめん）
装束（しょうぞく）
変身（へんしん）
仮面劇（かめんげき）
部分（ぶぶん）

5. ----------------------

茶道（さどう）
作法（さほう）
千利休（せんのりきゅう）
堺（さかい）
商人（しょうにん）
武将（ぶしょう）
天下（てんか）
俸給（ほうきゅう）
側近（そっきん）
戦乱（せんらん）
明け暮れる（あけくれる）
静める（しずめる）
効果的（こうかてき）
礼儀作法（れいぎさほう）
もてなす
亭主（ていしゅ）

正客（しょうきゃく）
主賓（しゅひん）

6. ----------------------

華道（かどう）
草木（くさき）
写し取る（うつしとる）
装飾性（そうしょくせい）
流派（りゅうは）
家元（いえもと）
指導者（しどうしゃ）
門弟（もんてい）
瞬間（しゅんかん）
自己（じこ）
外観（がいかん）
ガラスケース
近代的（きんだいてき）
高層（こうそう）
切り取る（きりとる）
安らぎ（やすらぎ）
導く（みちびく）

Section 2

金閣寺（きんかくじ）
見学（けんがく）
茶室（ちゃしつ）
マナー
レンタル
プロ
着付け（きつけ）

翌日（よくじつ）
祇園（ぎおん）
帯（おび）
柄（がら）
袖（そで）
すそ
調節（ちょうせつ）
地味（じみ）
派手（はで）
引き立て役（ひきたてやく）
紺（こん）
似合う（にあう）
足袋（たび）
ヘアセット
小物（こもの）
素敵（すてき）
基本的（きほんてき）
動作（どうさ）
成り立つ（なりたつ）
しびれる
我慢（がまん）
にじり口（にじりぐち）
幅（はば）
侍（さむらい）
刀（かたな）
町人（ちょうにん）
対等（たいとう）

Unit 8 現代文化とポップカルチャー

ポップカルチャー
キャラクター

Section 1

1. ----------------------

スマートフォン
通話（つうわ）
モバイル機器（モバイルきき）
見つめる（みつめる）
過言（かごん）
うつむく
操作（そうさ）
動画（どうが）

激増（げきぞう）
調査結果（ちょうさけっか）
年代別（ねんだいべつ）
利用率（りようりつ）
就職（しゅうしょく）
欠かす（かかす）
ツール
多様性（たようせい）
ダウンロード
個人差（こじんさ）
挙げる（あげる）
ウェブ

閲覧（えつらん）
電子メール（でんしメール）
送受信（そうじゅしん）
アラーム
オンラインショッピング
ゲーム
電子書籍（でんししょせき）
静止画（せいしが）
撮影（さつえい）
編集（へんしゅう）
語学（ごがく）
資格（しかく）

語彙リスト

学習（がくしゅう）
個人情報（こじんじょうほう）
スケジュール
住所録（じゅうしょろく）
コンテンツ
移行（いこう）
大部分（だいぶぶん）
予測（よそく）
開発（かいはつ）
現時点（げんじてん）
手放す（てばなす）
失う（うしなう）

2.

アニメ
評価（ひょうか）
クールジャパン
ランキング
ウェブサイト
上位（じょうい）
スタジオジブリ
宮崎駿（みやざきはやお）
監督（かんとく）
千と千尋の神隠し
　（せんとちひろのかみかくし）
公開（こうかい）
歴代興行収入
　（れきだいこうぎょうしゅうにゅう）
名作（めいさく）

アカデミー賞（アカデミーしょう）
長編（ちょうへん）
金熊賞（きんくましょう）
受賞（じゅしょう）
ハウルの動く城
　（ハウルのうごくしろ）
もののけ姫（もののけひめ）
ヒット
新海誠（しんかいまこと）
君の名は。（きみのなは。）
不思議な（ふしぎな）
描く（えがく）
次々に（つぎつぎに）
動員（どういん）
堪える（たえる）
高品質（こうひんしつ）
認識（にんしき）
製品（せいひん）
留学（りゅうがく）
ドラえもん
ポケモン
ハンター
あふれる

3.

国境（こっきょう）
越える（こえる）
ポップミュージック
テーマソング

アーティスト
曲（きょく）
インターネット
配信（はいしん）

Section 2

休日（きゅうじつ）
原宿（はらじゅく）
コスプレ
ファッション
渋谷（しぶや）
スクランブル交差点
　（スクランブルこうさてん）
ぬいぐるみ
ゆるキャラ
マスコット
キャンペーン
秋葉原（あきはばら）
電気釜（でんきがま）
炊く（たく）
オーディオ
部品（ぶひん）
待ち合わせる（まちあわせる）
グッズ
目的（もくてき）
LINE（ライン）
六本木（ろっぽんぎ）

Unit 9 スポーツの楽しみ方

Section 1

1.

相撲（すもう）
記述（きじゅつ）
古事記（こじき）
奨励（しょうれい）
職業（しょくぎょう）
娯楽（ごらく）
事実上（じじつじょう）
国技（こくぎ）
力士（りきし）
土俵（どひょう）

組み合う（くみあう）
勝負（しょうぶ）
取組（とりくみ）
まわし
身に着ける（みにつける）
地面（じめん）
負け（まけ）
決する（けっする）
実力（じつりょく）
互角（ごかく）
レスリング
ボクシング

体重別（たいじゅうべつ）
技（わざ）
ぶつけ合い（ぶつけあい）
拍手（はくしゅ）
種類（しゅるい）
大相撲（おおずもう）
興行（こうぎょう）
日本相撲協会
　（にほんすもうきょうかい）
引き継ぐ（ひきつぐ）
墨田（すみだ）
国技館（こくぎかん）

相手（あいて）
対戦（たいせん）
本場所（ほんばしょ）
巡業（じゅんぎょう）
努力（どりょく）
髷（まげ）
結う（ゆう）
髪形（かみがた）
清め（きよめ）
四股（しこ）
幕内（まくうち）
横綱（よこづな）
大関（おおぜき）
関脇（せきわけ）
小結（こむすび）
前頭（まえがしら）
制限時間（せいげんじかん）
気力（きりょく）
判定（はんてい）
軍配（ぐんばい）
行司（ぎょうじ）
審判（しんぱん）
熱狂的（ねっきょうてき）
ファン
衰える（おとろえる）

2. -----------------------------------
チーム
セントラル・リーグ
パシフィック・リーグ

ペナント
優勝旗（ゆうしょうき）
競う（きそう）
勝ち抜く（かちぬく）
日本シリーズ（にほんシリーズ）
実況（じっきょう）
ビジネス
協力（きょうりょく）
勤勉性（きんべんせい）
選手（せんしゅ）
尊敬（そんけい）
年功序列制（ねんこうじょれつせい）
メンツ
精神（せいしん）
変容（へんよう）
長所（ちょうしょ）
見出す（みいだす）
ホームグラウンド
球団（きゅうだん）
専用（せんよう）
球場（きゅうじょう）
散らばる（ちらばる）
西武ライオンズ（せいぶライオンズ）
正式名称（せいしきめいしょう）
埼玉（さいたま）
筆者（ひっしゃ）
西方（せいほう）
沿線（えんせん）
夜風（よかぜ）

ナイトゲーム
応援（おうえん）
甲子園（こうしえん）
目指す（めざす）
駆けつける（かけつける）
出身地（しゅっしんち）
こよなく
代表格（だいひょうかく）

3. -----------------------------------
スカウト
メジャーリーグ
フィギュアスケート
卓球（たっきゅう）
アマ
問う（とう）
成績（せいせき）
地位（ちい）

Section 2
思い浮かべる（おもいうかべる）
Jリーグ（ジェイリーグ）
観戦（かんせん）
河原（かわら）
普通（ふつう）
散歩（さんぽ）
ウォーキング
体操（たいそう）
ラジオ体操（ラジオたいそう）
割合
～位（～い）

Unit 10　前進を続ける科学技術

前進（ぜんしん）
主人公（しゅじんこう）
ロボット
現実（げんじつ）

Section 1
1. -----------------------------------
科学技術基本計画
　（かがくぎじゅつきほんけいかく）
実行（じっこう）
予算（よさん）
他国（たこく）

大国（たいこく）
差（さ）
明らか（あきらか）
開き（ひらき）
立ち遅れる（たちおくれる）

2. -----------------------------------
イノベーション
最先端（さいせんたん）
宇宙工学（うちゅうこうがく）
目が向く（めがむく）
ものづくり

追求（ついきゅう）
姿勢（しせい）
規模（きぼ）
大企業（だいきぎょう）
中小企業（ちゅうしょうきぎょう）
生かす（いかす）
発明品（はつめいひん）
針（はり）
極限（きょくげん）
痛み（いたみ）
超小型（ちょうこがた）

語彙リスト

内蔵（ないぞう）
カプセル
飲み込む（のみこむ）
体内（たいない）
内視鏡カメラ（ないしきょうカメラ）
ベンチャー企業
　（ベンチャーきぎょう）
シェア
獲得（かくとく）
貢献（こうけん）
プリンタ
二次元（にじげん）
データ
印刷（いんさつ）
三次元（さんじげん）
樹脂（じゅし）
加工（かこう）
立体的（りったいてき）
造形（ぞうけい）
方法（ほうほう）
制作（せいさく）
フィギュア
自社（じしゃ）
サンプル
販促（はんそく）
応用（おうよう）
ワークショップ
威力（いりょく）
発揮（はっき）
医療（いりょう）

手術（しゅじゅつ）
事前に（じぜんに）
患部（かんぶ）
画像（がぞう）
医師（いし）
検討（けんとう）
患者（かんじゃ）
病状（びょうじょう）
資料（しりょう）
現場（げんば）
活用（かつよう）
プラネタリウム
投影装置（とうえいそうち）
ドーム
天井（てんじょう）
星空（ほしぞら）
感動（かんどう）
五藤光学研究所
　（ごとうこうがくけんきゅうしょ）
肉眼（にくがん）
再現（さいげん）
納入（のうにゅう）
輝く（かがやく）
保存（ほぞん）
缶詰（かんづめ）
非常食（ひじょうしょく）
カンパン
主流（しゅりゅう）
パン・アキモト
賞味期限（しょうみきげん）

最長（さいちょう）
ふた
飛び出す（とびだす）
被災地（ひさいち）
緊急支援（きんきゅうしえん）
お年寄り（おとしより）

Section 2

TEPIA先端技術館
　（テピアせんたんぎじゅつかん）
関心（かんしん）
先端技術（せんたんぎじゅつ）
テクノロジー
ショーケース
制約（せいやく）
打ち破る（うちやぶる）
空間（くうかん）
身体（しんたい）
分身（ぶんしん）
見舞い（みまい）
具体的（ぐたいてき）
ウェブカメラ
マイク
スピーカー
無表情（むひょうじょう）
うなずく
感想（かんそう）
俳優（はいゆう）
微妙な（びみょうな）
人工知能（じんこうちのう）
読み取る（よみとる）

Unit 11　地球のためにできること

植物（しょくぶつ）

Section 1

1. ----------------------------------
温暖化防止（おんだんかぼうし）
向ける（むける）
大気（たいき）
海水（かいすい）
上昇（じょうしょう）
北極（ほっきょく）
南極（なんきょく）

氷（こおり）
溶ける（とける）
生態系（せいたいけい）
珊瑚礁（さんごしょう）
海面（かいめん）
海岸線（かいがんせん）
侵食（しんしょく）
温室効果ガス（おんしつこうかガス）
気候変動（きこうへんどう）
代表者（だいひょうしゃ）

国連気候変動枠組み条約の締約国会議
　（こくれんきこうへんどうわくぐみじょうやくのていやくこくかいぎ）
減らす（へらす）
先進国（せんしんこく）
削減（さくげん）
話し合う（はなしあう）
京都議定書（きょうとぎていしょ）
採択（さいたく）

比（ひ）
義務付ける（ぎむづける）
達成（たっせい）
損失（そんしつ）
生じる（しょうじる）

2.
環境対策（かんきょうたいさく）
燃やせる（もやせる）
資源（しげん）
分別（ぶんべつ）
マイバッグ
持参（じさん）
レジ袋（レジぶくろ）
有料（ゆうりょう）
増やす（ふやす）
減量（げんりょう）
再利用（さいりよう）
エアコン
温度調整（おんどちょうせい）
節電（せつでん）
メーカー
自治体（じちたい）

焼却（しょうきゃく）
温水プール（おんすいプール）
太陽光発電（たいようこうはつでん）
設置（せっち）
補助金（ほじょきん）
積極的に（せっきょくてきに）
推進（すいしん）
エコカー減税（エコカーげんぜい）

3.
３Ｒ（３アール）
エコ
リデュース
リユース
リサイクル
頭文字（かしらもじ）
循環型社会
　（じゅんかんがたしゃかい）
配慮（はいりょ）
省エネ家電（しょうエネかでん）
増加（ぞうか）
見過ごす（みすごす）
恐れ（おそれ）

永遠（えいえん）

Section 2
ホーチミン
来日（らいにち）
効く（きく）
避難（ひなん）
大家（おおや）
東京湾（とうきょうわん）
熱帯魚（ねったいぎょ）
表面（ひょうめん）
上限（じょうげん）
温度計（おんどけい）
印象（いんしょう）
当たり前（あたりまえ）
間違いない（まちがいない）
打ち水（うちみず）
すだれ
しのぐ
グリーンカーテン
熱帯（ねったい）
焼け石に水（やけいしにみず）
濃度（のうど）

Unit 12　教育と子供たち

小学生（しょうがくせい）

Section 1

1.
食い止める（くいとめる）
高度成長期（こうどせいちょうき）
活動（かつどう）
未満（みまん）
過去最低（かこさいてい）
統計（とうけい）
男子（だんし）
女子（じょし）
階級別（かいきゅうべつ）

2.
国立（こくりつ）
公立（こうりつ）
私立（しりつ）
学校教育法
　（がっこうきょういくほう）

義務教育（ぎむきょういく）
定める（さだめる）
自制心（じせいしん）
社交性（しゃこうせい）
満〜（まん〜）
教科（きょうか）
組む（くむ）
担任（たんにん）
図工（ずこう）
指導（しどう）
必修（ひっしゅう）
科目（かもく）
道徳（どうとく）
総合的（そうごうてき）

3.
一環（いっかん）
偏食（へんしょく）
当番（とうばん）

配膳（はいぜん）
片づけ（かたづけ）
互いに（たがいに）
助け合う（たすけあう）
掃く（はく）
拭く（ふく）
清潔（せいけつ）
クラブ活動（クラブかつどう）
部活動（ぶかつどう）
本格的（ほんかくてき）
剣道（けんどう）
演劇（えんげき）
吹奏楽（すいそうがく）
合唱（がっしょう）
書道（しょどう）
写真（しゃしん）
早朝（そうちょう）
放課後（ほうかご）

後輩（こうはい）
チームプレイ
団体行動（だんたいこうどう）
訓練（くんれん）
骨格（こっかく）
形成（けいせい）

Section 2

受験（じゅけん）

無料（むりょう）
パズル
あきらめる
挑戦（ちょうせん）
学力（がくりょく）
物事（ものごと）
我慢強い（がまんづよい）
試す（ためす）

面接（めんせつ）
家庭（かてい）
教育方針（きょういくほうしん）
合格（ごうかく）
収入（しゅうにゅう）
格差社会（かくさしゃかい）

Unit 13　産業構造と経済

産業構造（さんぎょうこうぞう）
思い浮かぶ（おもいうかぶ）

Section 1

1. ----------------------------------
コーリン・クラーク
林業（りんぎょう）
水産業（すいさんぎょう）
農地（のうち）
漁場（ぎょじょう）
見渡す限り（みわたすかぎり）
情報通信（じょうほうつうしん）
金融（きんゆう）
運輸（うんゆ）
対人サービス（たいじんサービス）
IT革命（アイティーかくめい）

2. ----------------------------------
専業（せんぎょう）
兼業（けんぎょう）
銘柄米（めいがらまい）
ブランド米（ブランドまい）
品種（ひんしゅ）
改良（かいりょう）
緑茶（りょくちゃ）
魚介類（ぎょかいるい）
農林水産物（のうりんすいさんぶつ）
促進（そくしん）
縮小（しゅくしょう）

販路（はんろ）
地帯（ちたい）
太平洋ベルト（たいへいようベルト）
京浜（けいひん）
中京（ちゅうきょう）
三重（みえ）
阪神（はんしん）
原料（げんりょう）
石油（せきゆ）
鉱石（こうせき）
利点（りてん）

3. ----------------------------------
総務省（そうむしょう）
統計局（とうけいきょく）
労働力調査
　（ろうどうりょくちょうさ）
農林業（のうりんぎょう）
就業者（しゅうぎょうしゃ）
学術（がくじゅつ）
宿泊（しゅくはく）
飲食（いんしょく）
福祉（ふくし）
多様化（たようか）
日本政府観光局
　（にほんせいふかんこうきょく）
訪日外国人客
　（ほうにちがいこくじんきゃく）

充実（じゅうじつ）
ハード
ソフト

4. ----------------------------------
野村総合研究所
　（のむらそうごうけんきゅうじょ）
スキル
データ分析（データぶんせき）
体系化（たいけいか）
担う（になう）
恐ろしい（おそろしい）

Section 2

コンビニ
給料（きゅうりょう）
大卒（だいそつ）
初任給（しょにんきゅう）
円高（えんだか）
バイト
最近（さいきん）
ライブ
発券（はっけん）
宅配便（たくはいびん）
受け取る（うけとる）
通販（つうはん）
注文（ちゅうもん）

Unit 14 政治と憲法

憲法（けんぽう）

Section 1

1.
普段（ふだん）
基本法（きほんほう）
国民（こくみん）
権利（けんり）
土台（どだい）
足並み（あしなみ）
脱亜入欧（だつあにゅうおう）
脱する（だっする）
西欧（せいおう）
諸国（しょこく）
仲間入り（なかまいり）
近代化（きんだいか）
イギリス
ドイツ
プロセイン憲法（プロセインけんぽう）
手本（てほん）
明治憲法（めいじけんぽう）
主権者（しゅけんしゃ）
統治（とうち）
権限（けんげん）
血筋（ちすじ）
変更（へんこう）
不可能（ふかのう）
立法（りっぽう）
司法（しほう）
属する（ぞくする）
三権分立（さんけんぶんりつ）
確立（かくりつ）
陸軍（りくぐん）
海軍（かいぐん）
大元帥（だいげんすい）
軍隊（ぐんたい）
軍備（ぐんび）
軍事（ぐんじ）
実際（じっさい）
軍部（ぐんぶ）
決定（けってい）

議会（ぎかい）
範囲（はんい）
締結（ていけつ）
開戦（かいせん）
終戦（しゅうせん）
戒厳令（かいげんれい）
非常事態（ひじょうじたい）
出動（しゅつどう）
発令（はつれい）
迫る（せまる）
公布（こうふ）

2.
議院内閣制（ぎいんないかくせい）
国会（こっかい）
内閣（ないかく）
裁判所（さいばんしょ）
採用（さいよう）
図（ず）
基づく（もとづく）
シンプル
国政（こくせい）
適用（てきよう）
審理（しんり）
不当な（ふとうな）
介入（かいにゅう）
避ける（さける）
行為（こうい）
採る（とる）
内閣総理大臣（ないかくそうりだいじん）
首相（しゅしょう）
国会議員（こっかいぎいん）
指名（しめい）
国務大臣（こくむだいじん）
任命（にんめい）

3.
衆議院（しゅうぎいん）
参議院（さんぎいん）
二院（にいん）
構成（こうせい）

二院制（にいんせい）
優位性（ゆういせい）
事項（じこう）
審議（しんぎ）
可決（かけつ）
議決（ぎけつ）
国会議事堂（こっかいぎじどう）
千代田区（ちよだく）
永田町（ながたちょう）
頻繁に（ひんぱんに）
比喩（ひゆ）

4.
選挙（せんきょ）
首長（しゅちょう）
任期（にんき）
改選（かいせん）
都度（つど）
立候補者（りっこうほしゃ）
公正な（こうせいな）
公職選挙法（こうしょくせんきょほう）
最大限（さいだいげん）
当選（とうせん）

Section 2

選挙カー（せんきょカー）
緊張（きんちょう）
上院（じょういん）
下院（かいん）
国会中継（こっかいちゅうけい）
担当閣僚（たんとうかくりょう）
的確に（てきかくに）
理解（りかい）
議長（ぎちょう）
賛成多数（さんせいたすう）
多数決（たすうけつ）
政党（せいとう）
結局（けっきょく）
責任（せきにん）
選挙権（せんきょけん）
投票（とうひょう）
ポスター

貼る（はる）
駅前（えきまえ）
演説（えんぜつ）
与党（よとう）
野党（やとう）

人物本位（じんぶつほんい）
未来（みらい）
政見放送（せいけんほうそう）
選挙区（せんきょく）
比例代表制（ひれいだいひょうせい）

Unit 15　多文化共生社会を目指して

多文化共生（たぶんかきょうせい）
表示（ひょうじ）

Section 1

1.
在留外国人（ざいりゅうがいこくじん）
総人口（そうじんこう）
法務省（ほうむしょう）
秋田（あきた）
永住者（えいじゅうしゃ）
技能実習（ぎのうじっしゅう）

2.
著しい（いちじるしい）
急増（きゅうぞう）
状況（じょうきょう）
オールジャパン
対応（たいおう）
韓国（かんこく）
多言語（たげんご）
居心地（いごこち）

3.
国籍（こくせき）
宗教（しゅうきょう）
平等（びょうどう）

排除（はいじょ）
使用（しよう）
適応（てきおう）
押し付ける（おしつける）
共に（ともに）
共有（きょうゆう）
報告書（ほうこくしょ）
述べる（のべる）
居住（きょじゅう）
保険（ほけん）
防災（ぼうさい）
面（めん）
コミュニケーション
受け入れる（うけいれる）

Section 2

半年（はんとし）
苦労（くろう）
ボランティア
助ける（たすける）
スムーズに
単語（たんご）
聞き取る（ききとる）
想像（そうぞう）
居酒屋（いざかや）

選択肢（せんたくし）
衣類（いるい）
服装（ふくそう）
おしゃれ
敷金（しききん）
礼金（れいきん）
前払い（まえばらい）
かもい
身長（しんちょう）
学食（がくしょく）
ランチ
日替わり（ひがわり）
助かる（たすかる）
偏る（かたよる）
自炊（じすい）
風呂屋（ふろや）
伸ばす（のばす）
ハーブ
ジャグジー
ぜいたく
誘う（さそう）
裸（はだか）

Unit 1 What kind of country is Japan?

1. Land area and population

Japan is an archipelago stretching roughly from 122° to 154° east longitude and from 20° to 46° north latitude. Let's look at this country on a world map. The world maps used in Japan place the Japanese islands in the center—a depiction that Japanese people become accustomed to as children. World maps used in other countries, however, usually show Japan as a chain of islands floating in the ocean near the eastern edge.

Japan accounts for a mere 0.25% of the some 147 million square kilometers that make up the world's total land area. For comparison, Japan's land area measures only about 1/45 of that of Russia and 1/25 of the USA or China. Japan's population is around 126.57 million, representing slightly under 2% of the 7.35 billion-strong global population. As these numbers suggest, Japan has many people living on a relatively cramped land area.

2. Seasonal changes and weather forecasts

Japan has around 7,000 islands—including the four big islands of Hokkaido, Honshu, Shikoku, and Kyushu, plus Okinawa's main island—which form an arc curving from the northeast to the southwest. The seasons change considerably throughout the year, and Japan's relatively mild climate makes for a hospitable environment.

Although its total land area is limited, Japan spans an impressive 3,000 kilometers from north to south, meaning that weather conditions can vary widely from place to place, even during the same season. For instance, summer is not the same across even Honshu alone; the temperature in Karuizawa, a town famed as a summer retreat, is as much as 10°C lower than that of Kyoto, which is located in a heat-trapping basin. And, in the winter, Kanazawa next to the Sea of Japan becomes covered with several dozen centimeters of snow, while people in Okinawa can go outdoors without a coat and see tropical bougainvilleas in blossom.

These regional variations in weather and the changing seasons are frequent topics of TV and radio weather forecasts. Let's look at some examples for each season

•Spring

Have you ever heard the word *kafunshō* (hay fever)? This allergic reaction produces symptoms such as sneezing, a runny or stuffy nose, and itchy eyes, and is often triggered by pollen from Japanese cedar or Japanese cypress trees. Since many people in Japan are prone to this allergy, when the cedar pollen season rolls around each February, the Japan Meteorological Agency (JMA) begins issuing reports on the amount of pollen in the air, and this information is included in daily weather forecasts. It seems that allergic reactions are a harbinger of spring for quite a few people in this country.

Another sign of spring in Japan is the cherry blossom forecast. Cherry trees start to bloom when the temperature rises to around 15°C, so the blossoming season begins in southern areas like Okinawa and Kagoshima in late March and then gradually makes its way northward over the next two months, reaching Kushiro and other parts of eastern Hokkaido in late May. The first day of this season is forecast for cities across the country, and the *sakura zensen*—the "cherry blossom front," the predicted advancement of the blossoms—is depicted on maps with lines resembling isobars. Since the school and fiscal year in Japan starts in April, marked by entrance ceremonies for welcoming new students and employees, cherry blossoms have become a symbol of making a new start.

•Summer

One of Japan's distinctive features is the high level of annual precipitation. The rainy season that takes place in June and July is called *tsuyu* or *baiu*. Weather observatories across the country announce the arrival of the rainy season in their region, and terms like *baiu zensen* (rainy season front) are often heard in weather forecasts during this period. For farmers, this is rice-planting time, and the extra rain that *tsuyu* brings to Japan helps them to grow delectable rice.

The JMA's announcement of the end of the rainy season signals the start of the hot and sticky half of summer in Japan. Days on which the temperature climbs above 25°C are referred to as *natsubi* (literally, "summer days"), and then as *manatsubi* (midsummer days) if the mercury passes the 30°C mark. As a result of global warming, even hotter days where the daily high tops 35°C, called *mōshobi* (extremely hot days), have become more frequent. And, there has also been an increase in the number of *nettaiya* (tropical nights), or nights where the temperature does not fall below 25°C.

•Fall

As summer gives way to fall, the typhoon season begins in Japan. Typhoons are intense tropical cyclones, and each is referred to in Japan with a number indicating its order of occurrence. As a typhoon approaches Japan and eventually hits land, the heavy rains and strong winds it brings can result in flooding and other disasters. Since the typhoon season overlaps with the end of the rice growing season, the storms often have a negative impact on the harvests. Because of these destructive effects, the JMA predicts the force and path of each typhoon that forms, and issues advisories in weather forecasts—for example, "Typhoon No. 10 is currently moving northward in the Pacific while maintaining strong intensity."

Next, Japan becomes awash with fall colors starting in October and lasting into November. Like the *sakura zensen* of cherry blossoms, there's an expression for the progression of autumnal hues: *kōyō zensen*. Since leaves turn color when the temperature gets colder, this "fall color front" moves in a direction opposite of the cherry blossom front, advancing from north to south.

•Winter

Winter is perhaps the season where the regional differences in weather are the most noticeable. Variations in the amount of snowfall—very little to heavy—result in sharp contrasts in the winter scenery of each region. The heaviest snowfall occurs in the mountains and areas along the Sea of Japan, where it's not hard to find places with accumulation exceeding two meters in February. On the Pacific side of Japan, dry days are the norm, so the JMA sometimes needs to issue dry-weather advisories to call attention to the risk for fires.

3. Volcanoes and forests

One major geographical feature of Japan is that several volcanic ranges stretch across the land. This means that Japan is home to some active volcanoes and earthquakes are a common occurrence, but at the same time it's also the reason why every region has high-quality hot springs that have become popular tourist destinations.

Another defining feature is that roughly 73% of Japan's land mass is made up of mountains, the majority of which are covered with forests. In fact, timberland spanning some 25 million hectares accounts for around two-thirds of the country's total land area. Because of this, it takes only a one-hour train ride west out of downtown Tokyo to reach the wooded slopes of Mt. Takao and other nice places for enjoying hiking and communing with nature. Some mountains have been designated as World Heritage Sites: Japan's tallest peak, Mt. Fuji; Shirakami mountain range, which is blanketed in pristine beech forests; and Kii mountain range, which is home to a number of ancient shrines and temples.

Unit 2 City life, country life

1. Japan's cities

More than 70% of Japan's land area is covered by mountains, and the flatland that makes up the remainder is where the vast majority of the country's 130 million residents live—with most of them concentrated in urban areas. The most populated of the 47 prefectures are Tokyo, Kanagawa, and Osaka, in that order. In addition, there are 20 *seirei shitei toshi*, cities that have been given special status by the national government. One condition for gaining this status is to have a population greater than 500,000. In 1956, the year when this system was launched, there were only five cities designated as *seirei shitei toshi*—Yokohama, Nagoya, Kyoto, Osaka, and Kobe—but the number climbed over the ensuing years as the population increasingly shifted to urban areas. The tendency for cities to serve as political, economic, industrial, and cultural hubs is, of course, a global phenomenon, and Japan is no exception.

The seirei shitei toshi and other big cities of Japan have subways and other well-developed transportation networks that provide easy access to practically everywhere. Since housing costs go up the closer you get to the center of a city, many people choose to live in the suburbs and put up with commutes lasting around two hours, one way. Nevertheless, the population is continuing to grow in cities such as Tokyo, Fukuoka, Kawasaki, and Saitama.

2. Rural communities: Replacing inconvenience with revitalization

While urban populations keep swelling, communities in mountainous and rural areas are shrinking at critical rates. One consequence is that stores and hospitals are disappearing from these communities, making it harder for residents to do their shopping and receive medical care. The younger members, lacking sufficient job opportunities, have little choice but to move elsewhere, leaving behind towns and villages made up of mostly elderly residents. These conditions spur others to depart, feeding a vicious cycle of depopulation.

However, various actions are now being taken to stem the tide of rural decline. For instance, some communities are trying to improve living conditions for younger people through support such as low-rent housing. And, the national government is also implementing a wide array of measures for revitalizing rural communities and preventing urban overpopulation, including strategies for energizing regional economies and encouraging city dwellers to take up secondary residences in rural areas. Such actions as these are intended to preserve local culture while giving young adults an environment that enables them to confidently live and work outside the big cities. As such, these efforts will be a key to enrichment of life both in the city and in the village.

3. *Kominka*, a window to society

Have you ever heard the expression "*kominka* boom"? *Kominka* literally means "old houses," and refers to traditional Japanese abodes. In recent years, the value of their designs attuned to the local culture and climate is now being rediscovered, with *kominka* attracting attention from people who see Japanese-style beauty in them and consider it a waste to tear these homes down just because they're old. As a result, numerous projects are being carried out to restore abandoned *kominka*, motivated by a growing sense of the need to revitalize rural communities.

If you check out real estate ads for rural areas, you'll probably come across properties like the one shown below. Some of the features of the *kominka* in this ad are the low price, the spaciousness of both the house and its lot, the large number of rooms, and recent renovations. These features serve as a touchstone for contrasting life in the city versus life in the countryside, and contrasting the past versus the present. In fact, *kominka* are a sort of window to various issues facing society.

•**Changes in family size**

Urban-rural differences are very clearly seen in the size and price of homes. It would be next to impossible to find a house the size of the one in the ad—a combination living, dining and kitchen area plus five other rooms—being sold for the same price in Tokyo, even in the suburbs. The large size of this example bespeaks the old way of life in which three generations of a family resided together, but this degree of spaciousness is a rarity in today's cities. When a nuclear family does live alongside the grandparents, it's more commonly the case that they live in a duplex constructed so that the family and the grandparents occupy different floors with separate entrances, an arrangement that allows them to maintain independent lifestyles.

•**Community building**

The ad notes that the *kominka* has an *irori*, a traditional sunken hearth. For Japanese people, the word *irori* evokes images of a family gathered around the hearth while a stew simmers or fish roasts over the fire. In the old days, neighbors would join together at the hearth of someone's home and enjoy chatting while feasting on fresh food they brought back from the sea or the fields—and in this way community life naturally evolved. However, during Japan's period of rapid economic growth, this sort of scene began fading away as the level of interaction among neighbors declined. These days, it's not unusual for neighbors in the city to be no more than nodding acquaintances. The special value that people see in *kominka* with hearths may well be a manifestation of modern life, where communities don't develop unless a conscious effort is made.

•**Lot size**

The graph to the right shows that Japan's farming population rapidly dropped by two-thirds over the years from 1976 to 2016. One of the reasons why *kominka* with large lots aren't hard to find on the market is that many farming families are selling off their homes and fields since their children aren't taking over the business. In other words, *kominka* for sale are a reflection of the shrinking number of farmers.

The ad also says that the property has plenty of space for parking, which underscores the fact that it's hard for people in rural areas to get by without a car. Rather than wait a couple hours for the next train or bus to come, many people in the countryside find it more convenient to drive themselves to wherever they need to go. Consequently, most provincial families have at least one car, if not one for every adult member.

In cities, a lot of homes don't have their own parking spaces, and renting just one spot can run tens of thousands of yen per month. Consequently, the number of urban car owners is trending downward, and car sharing is starting to catch on as an alternative. Unlike car rental services, car sharing allows users to use a vehicle for short time spans, such as 15-minute blocks, and thus provide a new, convenient transportation option for urban residents.

Unit 3 Getting around Japan

1. Shinkansen: Safe and on time

High-speed rail service debuted in Japan on October 1, 1964 with the opening of the Tokaido Shinkansen line connecting Tokyo and Osaka. More bullet train lines were added over the ensuing years, with the 2016 launch of the Hokkaido Shinkansen bringing the total to nine.

The various trains that run on these lines all sport incredibly stylish, sleek designs, not just for looks but also to withstand the high speeds traveled and reduce the noise produced. These designs answer the need for streamlined forms that minimize the drag resulting from velocities in excess of 200 kph (as of 2016, the Tohoku Shinkansen E5/E6 series have a maximum speed of 320 kph).

Every Shinkansen line has a unique name for its trains. As you wait on the platform you'll hear announcements stating the train name followed by its service number—as in "Nozomi No. 112 will soon arrive"—so it's a good idea to memorize the names and numbers to avoid getting on the wrong train.

Have you ever heard about the legendary safety of Japan's bullet trains? Throughout the entire history of Shinkansen service, there has never been a fatal passenger accident resulting from a train-related cause. Granted, this safety record is partly due to the fact that the high-speed railway network has many tunnels and elevated sections, with no grade crossings at all, but nevertheless it's an amazing achievement considering that the Tokaido Shinkansen alone makes 120,000 runs each year.

In 2014, the Ministry of Land, Infrastructure, Transport and Tourism selected the Tokaido Shinkansen as the winner of the 13th Japan Railway Award. Japan's bullet trains consistently depart on time and arrive on time, displaying a punctuality managed to the second. Of course, service is sometimes delayed or canceled due to typhoons, earthquakes, and other external factors, but these cases go to show that safety is valued along with speed and punctuality.

2. Airplanes: The easy way to cover long distances

Japan may not be a big country area-wise, but a whopping 2,243.8 kilometers separate Sapporo up in Hokkaido and Naha down in Okinawa. For those without much time to spare, air travel is a good way to cover such long distances.

Air fares are usually harder on the wallet than train tickets, but there are affordable options available, such as early-booking discounts and budget deals. For travel over shorter distances—say, from Tokyo to Kanazawa—the choice between plane or train can be a tricky decision from the perspective of fares. On one hand, the Shinkansen offers the advantage of being able to hop on the next train without making a reservation, but the downside of not booking a seat is that you might end up standing for much of the trip. Air travel, on the other hand, excels in getting you quickly to your destination, but if the airport is located far from the city or tourist spots you plan on visiting, the additional travel by train or bus could eat up the time you saved by flying. When planning a trip, you can make smarter decisions if you examine all the routes available and compare their fares.

There almost 100 airports across Japan that offer domestic service, and nearly every prefecture outside Kanto has at least one airport with direct flights to and from Tokyo. Some have nicknames that reflect a local source of pride, and it can be fun to guess the character or history of a city from the name of its airport.

3. Subways: A uniquely urban way to travel

When it comes to getting around a big city, it's hard to beat the convenience of subway travel. Trains run on time, not having to contend with the traffic tie-ups that cars and buses face. And, the subway can be considered a more eco-friendly form of public transportation, as the trains don't emit exhaust gases. In Japan, subway systems can be found in Tokyo, Sapporo, Sendai, Yokohama, Nagoya, Kyoto, Osaka, Kobe and Fukuoka, where they serve as vital means of transportation. All these cities are *seirei shitei toshi*, cities with populations greater than 500,000 that have been given special status by the national government, which goes to show that development of subway systems is closely associated with urban population size.

Japan's largest subway service is Tokyo Metro, which operates 141 stations on nine lines. Among the many subway systems around the world, Tokyo Metro has the largest ridership per kilometer and the third highest annual ridership.

4. Minute-by-minute rail service

Like the Shinkansen lines, regular rail services reliably run on schedule, barring problems caused by accidents or bad weather. In larger cities, train runs on the same tracks are cramped together, spaced apart by intervals of just a few minutes, yet the trains consistently reach their stops on time. When delays do occur, even the small ones elicit an apology over the

PA, such as "The next train will arrive two minutes late. We sincerely apologize for the inconvenience to everyone in a rush."

If you have the opportunity while in Japan, you should at least once experience riding the trains during rush hour. You'll probably be amazed by how quiet they are inside despite being packed to the gills—most riders pass the time silently, doing things like listening to music on their earphones, staring at their smartphones and tablets, or dozing in their seats. This may well be one of Japan's signature sights.

5. Choosing the route right for you

When traveling by rail in Japan, many times you'll have different routes to choose from to get you where you're going, especially in cities, where various railroad and subway lines crisscross and sometimes run almost side by side. One thing to keep in mind when planning a route requiring transfers is that you'll often pay a higher total fare if you change between lines run by different operators rather than lines controlled by the same company (case in point: transferring between Tokyo Metro and Toei Subway in Tokyo). There are various online services and mobile apps that can aid your planning by displaying the various routes available and ranking them according to your preferences, such as the fastest, the cheapest, or the fewest number of transfers.

6. Smart-card transit passes

One handy thing to have when riding trains is a smart-card transit pass, a type of prepaid card that can be purchased from ticket counters and vending machines in railway stations. Once your card is charged with credit, you can quickly pass through ticket gates simply by swiping it over the card reader, which automatically deducts the fare, thus sparing you from the hassle of buying a ticket every time you take the train. These cards can also be used to electronically pay for merchandise sold at station kiosks and for bus and taxi rides.

Smart-card transit passes available in the Tokyo metropolitan area include brands such as Suica and Pasmo, both of which can be used on JR East and non-JR lines. Many railway operators across Japan offer smart-card ticketing systems, and a growing number of cards are interoperable with other companies' systems.

Unit 4 Let's eat!

1. Japan's food self-sufficiency and food trade

It's said that adults generally need to consume around 1,500 kilocalories of food per day to live healthy lives. On a calorie basis, Japan produces only 39% of the food required to feed its population, while countries such as Canada, Australia, France, and the US boast food self-sufficiency rates above 100%, and thus are able to export their surplus calorie sources. If for some reason food imports to Japan suddenly stopped, the country would immediately become unable to meet its caloric requirements.

Over the 50 years between 1965 and 2015, Japan's calorie-based food self-sufficiency rate fell from 73% to 39%. Why such a big drop? One key reason is that the Japanese diet changed during that time, shifting more toward imported food products. Back in 1965, rice was the staple of the meal, accompanied by mainly fish and vegetables—almost all domestically sourced items. However, following the birth of the country's first family-oriented casual dining establishments in 1970, the Japanese diet gradually became Westernized, with wheat-based foods like bread and spaghetti often displacing rice as the carbo core of meals, including at home. As a result, the amount of rice consumed declined, while a larger and larger chunk of the daily diet came to be filled by animal products such as meat, dairy products, and eggs, not to mention oils and fats.

2. School lunches increasingly switch to food produced locally

With the rise in food imports, you're now more likely to see all sorts of country names on the labels of meat, fish, fruit, and vegetables sold at Japanese supermarkets. At the same time, however, a growing number of people are touting "local production for local consumption," the ideal that you should try as much as possible to eat food produced in your region. One benefit of this is that you get to enjoy eating fresher food, as the short distance from farm to table means that the local produce you see at the store was picked that morning. This does your body a favor, because higher freshness equates with higher nutritional value. What's more, distribution costs are lower, and the carbon emissions of trucks transporting the food are minimized.

The shift toward local production for local consumption is also being seen in lunches served at elementary and junior high schools. Up through the 1970s, school lunches typically consisted of bread, milk, and a sundry dish or two. In the 1980s, however, schools began increasing the frequency of rice-centered lunches as part of a bigger movement to increase rice consumption. The change in the staple food naturally affected the selection of accompanying dishes—school lunches started incorporating Japanese food that would go well with rice. This, in turn, spurred efforts to make locally produced food part of student's lunches.

3. The spread of Japanese food culture

Japan's high-quality rice is attracting fans in other countries, while sake, matcha, and other signature taste sensations of Japan are being exported to many destinations around the world. Seasonings like soy sauce and miso have even found their way into French kitchens, and the word *dashi* has gained currency outside Japan. This trend appears to be the product of the rich depth of Japanese cuisine and the growing health consciousness of people across the globe.

In 2013, *washoku*, Japanese food culture, was placed on UNESCO's list of Intangible Cultural Heritage of Humanity. Looking ahead, efforts to further expand *washoku* overseas will need to tackle various challenges standing in the way, but hopefully they will succeed in creating a system for further spreading Japanese food culture around the world so that people everywhere can experience the pleasure of eating the fine traditional foods of regions across Japan.

4. Michi-no-eki

Say that you're driving along a road in Japan and you start feeling a little parched. One thing you can do is pull into the next Michi-no-eki and relax in its café. While you're there, you might want to check out the section selling produce straight from the farm, where you'll find local foods and souvenirs you can take back home with you.

Michi-no-eki, meaning "roadside stations," are facilities registered with the Ministry of Transport, Land and Infrastructure that serve three key functions: providing travelers with a place to rest, supplying diverse information, and promoting community interaction. More than 1,000 Michi-no-eki are scattered across the country, offering tourism information, a glimpse of local specialty products, and the opportunity to taste rare foods and buy knick-knacks not available elsewhere. Because of this wide array of services, Michi-no-eki have become more than just pit stops, evolving into destinations that more and more tourists expressly visit to enjoy dining and shopping.

Among the roadside stations' biggest draws are the sections selling fruits and vegetables harvested that day, while for farmers and fishermen, these shops are a vital outlet for directly selling their harvests and catches. As this suggests, Michi-no-eki play a significant role in supporting local production for local consumption. In the years ahead, it's likely that Michi-no-eki will further increase in number as places for energizing local industries.

5. Japan's delectable water

Tap water in Japan has gained a reputation for being safe and delicious, perhaps because this mountainous country is endowed with many sources of pristine spring water. Of those, 200 have been designated by the Ministry of the Environment as having especially good water, starting with 100 sites selected in 1985 and followed in 2008 by a different top-100 list for the Heisei period. This program, which rates springs by not only water quality but also the excellence of their environment, has implanted a desire to protect water sources in the hearts of Japanese people.

Responding to this change of public perceptions, beverage suppliers in Japan started marketing water in plastic bottles in the 1980s. Recently, a growing number of these products have been adopting eco-friendly packaging or water from select sources. We're now witnessing a shift in attitudes toward water; rather than treating water as something you can get free all the time, more people think of good water as something you buy, and are concerned about preserving the forests that give birth to Japan's delectable water.

6. "Grade-B cuisine" and local delicacies

For some people, Japanese cuisine conjures up visions of upscale dining, but that's not the whole story—there's also *B-kyū gurume* (Grade-B cuisine), which refers to cheap but tasty fare. Around the country, famous local dishes are being showcased as *B-kyū gurume* and their appeal is helping to jump-start the local economy.

The classic example is ramen. Each region serves up its unique take on these noodles and the more popular shops generate lines of hungry tourists waiting to get inside. While ramen traces its roots to China, it has evolved along different paths in different parts of Japan, becoming firmly implanted as a defining element of the local dining scene.

Other examples of localized *B-kyū gurume* include the *zangi* fried chicken of Kushiro, Hokkaido and the Sanuki udon noodles of Kagawa in Shikoku, plus many other delightful, affordable foods offered by each of Japan's 47 prefectures. One fun way to experience Japan is to go on a quest to discover what tasty treats are offered in each locale.

7. Foreign cuisines that can be enjoyed in Japan

Dining in Japan isn't limited to homegrown cooking—you can also sample dishes from countries around the world, including France, Italy, China, and Vietnam. If you wanted, you could easily try a different international cuisine every day for a week. A wide choice of these cuisines can be found at department store dining floors and shopping center food courts. And, cheap, family-oriented restaurants let you enjoy Japanese, Western, and Chinese dishes under the same roof.

Unit 5 Events for enjoying the seasons

Japan's calendar of events for celebrating the seasons

The Japanese year is marked by seasonal changes and a rich array of events, with every month offering some sort of celebration. Some represent uniquely Japanese traditions while others are customs adopted from other countries or recent inventions. Many calendars and personal organizers sold in Japan list these events on their pages. Let's take a look at some of the bigger festivities of each month.

•January

New Year's Day, January 1, is called *ganjitsu* in Japanese, and is considered a special day because it ushers in a whole another year. The morning of this day is known as *gantan*, and the character for *tan*, 旦, represents the sun rising over the horizon. The meals for this day typically consist of *osechi ryōri*, a collection of dishes specially made to celebrate the holiday, and *ozōni*, a soup containing rice cakes and other ingredients. *Osechi ryōri* varies with each region and is prepared at home at the end of the preceding year, though recently many people opt to buy ready-made sets at department stores, supermarkets, and other shops.

Children are bestowed with *otoshidama*, gifts of pocket money from their parents and relatives. In the old days kids would play New Year's games such as kite flying, battledore and shuttlecock, or top spinning, but now you are very unlikely to see these pastimes, partly because changes in traffic conditions have made it impossible to play out on the street. It seems that traditional games are disappearing from modern society.

Another New Year's tradition is to go to a Shinto shrine to pray for peace and health in the year ahead.

During the holiday, many people receive *nengajō*, or postcards expressing New Year's greetings. In recent years, the number of people who send out *nengajō* has declined as more and more well-wishers choose to send their greetings via e-mail or SNS. Nevertheless, as many as 3 billion *nengajō* are printed every year. Many cards are printed with a standard message such as "Happy New Year's" or "Respectfully wishing you a happy New Year," as well as some sort of art, often a picture of that year's Chinese zodiac animal.

The second Monday of January is Coming of Age Day, a holiday on which ceremonies are hosted across Japan to congratulate people who have recently turned, or will soon turn, 20, the age of majority.

•February

February is the coldest month of the year, bringing heavy snowfall to northern Japan, mountainous regions, and the Sea of Japan coast. Under the traditional lunar calendar (see p. 63), the beginning of spring is heralded by *risshun*, which is around February 4 (the actual varies year to year). Weather forecasts on this day often mention this observance, so you'll hear something like "Today's the first day of spring, according to the lunar calendar." The day before *risshun* is *setsubun*, which literally means "division of the seasons," and is celebrated with a ritual in which people toss beans in their home while saying "*Oni wa soto, fuku wa uchi*" (Out with the demons, in with good fortune) as a wish for a happy year free of misfortune.

Like many other countries, Japan celebrates Valentine's Day on February 14, except that it is considered a day for women to give gifts to men and reveal their love to them. More than often, the gifts are chocolates, so you can find rows and rows of beautifully wrapped chocolates at department stores and other outlets in the days leading up to this holiday. There are two categories of chocolate: *honmei choko*, which are given to the man whom the woman really loves, and *giri choko*, which are handed out as a courtesy in nonromantic associations, such as one's boss and coworkers. Recently, a number of girls and women have started buying Valentine's Day chocolates to give to female friends or to enjoy themselves.

•March

March 3 is *Hinamatsuri*, or the Doll Festival. Homes with young daughters set up a display of dolls to wish for the girls' health and growth. Depending on the space available, the display can range from a full set of fifteen dolls occupying five or seven tiers to just a pair of emperor and empress dolls. The dolls are accompanied by peach blossoms; as this holiday comes around the time that peach trees bloom, it is also known as *Momo no Sekku* (Peach Festival).

March 14 is celebrated as White Day, a Japanese invention created for men to reciprocate to women who gave them chocolate on Valentine's Day. The choice of return gift depends on whether the chocolate received was *honmei choko* or *giri choko*, so White Day can be a tricky rite if the man is unsure of the woman's intentions.

Late March is the time for graduation ceremonies for nursery schools and kindergartens on up to universities. It would be interesting to compare the different ways that various countries carry out graduation ceremonies.

•April

April marks the start of the new school year, as well as the new fiscal year for government offices and many businesses. Schools and companies held ceremonies to welcome their newcomers, so this season brings the heartwarming sight of first graders carrying shiny new bookbags and new hires looking uncomfortable in their suits as they parade through town caressed by the gentle spring breeze. This is also the time the cherry trees burst into blossom, so many companies use their blossom-viewing parties as another opportunity to welcome their new employees.

•May

The holiday-packed period spanning late April and early May is called Golden Week. In years that those holidays surround the weekend, people can take longer vacations, so Golden Week is a good opportunity for leisure and travel.

Children's Day derives from *Tango no Sekku*, a festival for wishing for the healthy growth of boys, so some families with young sons decorate the home with a samurai helmet and armor. Outside, carp streamers spiritedly flutter in the wind. In 1948, this festival was re-designated as Children's Day and set on May 5 as a day for wishing for the happiness of both boys and girls.

•June

June, the only month of the year that does not have a national holiday, is when the frequent drizzles of the rainy season come to Japan, and it's also the time when fireflies begin flitting about in various areas across the country, including the Kamo River in Kyoto.

June 1 is the day on which people traditionally put away winter clothes and get out the summer wardrobe. Places that require uniforms, such as schools and government offices, switch to their summer uniform. The summer solstice, the longest day of the year, occurs on or shortly after June 20.

•July

This month ushers in the start of the marine and mountain leisure season, particularly in Honshu, with observances held across the country on July 1 to pray for the safety of recreationalists as beaches and hiking trails are ceremonially opened. Mt. Fuji's official summer climbing season begins on this day and lasts until September 10.

The first trimester of elementary and junior/senior high schools usually ends around July 20 with an end-of-term ceremony, starting off a long summer vacation that lasts through August. In most regions, the rainy season gives way to hot, humid days of summer. Expressions like *natsu bate taisaku* (ways to beat the heat), *nettaiya* (nights when the mercury stays above 25°C), and *necchūshō yobō* (sun stroke prevention) appear in newspapers and the TV news practically every day.

•August

Obon as determined by the lunar calendar falls on August 15, and many businesses use the surrounding period as their time for summer vacation. During this Buddhist observance, many people visit their hometown, so the Shinkansen trains, airplanes, and expressways become jammed with travelers. *Obon* is also a summer festival celebrated with *Bon* dances and fireworks displays.

•September

The third Monday of September is Respect for the Aged Day, a national holiday that honors senior citizens for their many years of contributions to society and celebrates their long life. The average life span in Japan is continuing to increase for both men and women—there were more than 60,000 Japanese aged 100 or older in 2015.

The lingering heat of summer finally dissipates after the fall equinox, which occurs around September 23. The sound of insects becomes all the more pleasant at this time. For Japanese people, the chirps of bugs are a delightful aural sensation, so the Japanese language has various onomatopoeic words for expressing them, such as *chinchirorin* and *riinriin*.

•October

October 1 is the day for switching from summer clothes to winter wear, with government workers making the change from the Cool Biz dress code to Warm Biz style.

The second Monday of October is Sports Day. This national holiday used to be held every October 10, in commemoration of the date of the opening ceremony of the 1964 Tokyo Olympics. This is also the part of year that many sports festivals are held across Japan, giving rise to *supōtsu no aki* (fall is sports time) as a moniker for this season. Another appellation is *shokuyoku no aki* (fall is eating time), as stores begin selling freshly harvested autumn fruits and vegetables. In fact, there many other expressions in the "__ *no aki*" pattern, such as *dokusho no aki* (fall is reading time), *geijutsu no aki* (fall is for the arts), *kōraku no aki* (fall is leisure time), and *minori no aki* (fall is harvest time). This seems to be a feature of no season but fall.

• **November**

The period from October into November is harvest time for rice farmers. November 23, now a national holiday called Labor Thanksgiving Day, used to be a day for celebrating the harvests, a tradition still kept alive by an imperial rite called *Niinamesai*.

Around November 15, you'll see families dressed up in colorful kimono to celebrate *Shichigosan* at a shrine. This festivity is for praying for the healthy growth of children, and is usually observed when girls are three or seven years old, and when boys are five. For the kids, it's also a time to receive a nice treat— *chitoseame*, a candy symbolizing the wish for a long life.

• **December**

As the final month of the year, December can be a very busy time. This is perhaps reflected in the theory that another name for this month, *Shiwasu* (師走, derives from the idea that teachers (師) are so busy that they have to run (走) everywhere. Most businesses and government offices close for the year-end/New Year's holidays that last from December 29 to January 3, meaning that December 28 is the *shigoto osame*, or last day of work for the year. The days leading up to New Year's Eve on December 31 are filled with many holiday preparations at home, including cleaning house, writing *nengajō*, putting up New Year's decorations such as *kadomatsu* pine branches and *shimekazari* decoration of straw rope, and cooking *osechi ryōri*.

On New Year's Eve, many people eat *toshikoshi soba* (year-end buckwheat noodles). It's said that one reason for this is that buckwheat noodles tend to break apart easily, and thus symbolize a breaking away from all the bad things of the past year. So, everyone, have a happy New Year!

Unit 6 Reflections on Japanese history

The current Japanese archipelago, which was likely at one time connected to the Eurasian continent, is believed to have formed about 10,000 years ago. Discussions of Japan's history typically trace its origin back to the Paleolithic period, a time when man has been confirmed to have lived in the Japanese archipelago. We show the subsequent timeline in chronological tables at the bottom of pages 66, 67, 70, and 71 and highlight key characteristics from each of the main periods.

• **Jōmon & Yayoi periods**

The Jōmon period derives its name from the "cord-marked" pottery that was in wide use at that time. The people of this period were a hunter-gatherer culture that lived in pit dwellings. Pottery excavated from the Sannai-Maruyama site in Aomori Prefecture, a village that was inhabited about 5,500 to 4,000 years ago, suggests an era of peaceful and orderly cultural life.

The Yayoi period spanned from around the 4th century BC to the 3rd century AD. Rice cultivation was introduced from China and the Korean Peninsula and small states emerged throughout the archipelago as settlements advanced. The Yoshinogari site, located in Saga Prefecture, is a famous historical site of the Yayoi period.

• **Nara & Heian periods**

The Nara period began from 710, when Heijo-kyo (present-day Nara) was established as the capital and a national government centered on the Emperor was put into place. Around that time, it became possible for individuals to legally own land (until then, all lands belonged to the state).

The Heian period began in 794 when Emperor Kanmu moved the capital to Heian-kyo (present-day Kyoto). At that time, the Imperial Court and nobility who served in the government were the administrative and economic stewards of the country. However, rising dissatisfaction with harsh tax collections prompted uprisings in various areas during the middle of the Heian period, and this led to the emergence of the samurai: a warrior class that originated from farmers possessing weapons. The samurai became a powerful group, with the Minamoto (Genji) and Taira (Heishi) as the most prominent clans. The Taira held power at one point, but both clans subsequently fought on numerous occasions.

•Kamakura to Azuchi-Momoyama periods

In 1185, the Minamoto clan defeated and destroyed the Taira in the Battle of Dannoura. The samurai regime began in 1192 as Minanotomo no Yoritomo, who had been appointed *Seii Taishōgun* (great unifying leader) by the Imperial Court, established the Kamakura bakufu (shogunate, a feudal government headed by the shogun). During this period, Japan was attacked twice (1274 and 1281) by Kublai Khan in what is referred to as *genkō* (the Mongol Invasions).

Takauji Ashikaga was appointed shogun in 1338 and the Ashikaga shogunate marked the beginning of the Muromachi period. Many art forms emerged during this period that have endured until the present day such as Noh drama, *kyōgen* comedic plays, tea ceremony, and *ikebana* flower arrangement. It is also an era when trade with Europe, *nanban bōeki* (literally, southern barbarian trade), flourished, fueled by the introduction of firearms from Portugal in 1543 and Jesuit Francisco Xavier's visit to Japan in 1549 to spread Christianity.

The latter part of the Muromachi period is referred to as the "Warring States" period due to a succession of wars for control over the country. Oda Nobunaga routed the Muromachi shogunate in 1573, and Toyotomi Hideyoshi, a Nobunaga retainer, unified the whole country in 1590. This era is called the Azuchi-Momoyama period after the names of the places where Nobunaga and Hideyoshi built their respective castles.

•Edo period

After the death of Hideyoshi, Tokugawa Ieyasu became *Seii Taishōgun* by winning the Battle of Sekigahara in 1600; he then established the Tokugawa shogunate in Edo (current-day Tokyo). The Edo period was peaceful for about 260 years under the rule of the Tokugawa shogunate, and ended with the resignation of the 15th shogun, Tokugawa Yoshinobu. The government of this era was a *bakuhan taisei* (feudal system characteristic of the shogunate). The clans received their territories, which were governed by the *daimyō* (feudal lords), from the shogun while the shogunate strictly managed the feudal lords under the *Buke Shohatto* (Laws for Military Houses).

A major change that occurred during the Edo period was sakoku (national isolation). The shogunate issued a declaration banning Christianity and missionaries from Japan. Spanish ships were prohibited from landing in Japan, Japanese were forbidden to travel abroad, and those living overseas were not allowed to return to Japan. Japan's seclusion was made complete in 1639 when Portuguese ships were also barred from entering Japan (that being said, limited trade with the Netherlands and China continued despite the isolationist policy).

Culture also blossomed during the Edo period as commoners were able to enjoy such art forms as Kabuki, *haikai* (Japanese poetry), and *ukiyo-e* (Japanese woodblock prints). Academics also flourished from *Rangaku* (the study of Western knowledge via Dutch traders and texts) in areas such as medicine and astronomy.

It was an era of lively exchange between the cities and provincial areas as five major roads connecting Edo to the outer regions (Tōkaidō, Nakasendō, Nikkō Kaidō, Ōshū Kaido, and Kōshū Kaido) were constructed and the *sankinkōtai* (a system under which feudal lords were required to reside in Edo every other year) was enforced, thereby promoting in a constant flow to and from Edo.

Children during this age were able to learn the three basics (reading, writing, and abacus) at temple schools called *terakoya*, which spread to cities and villages across the country. It is said that at that time Japan had the highest literacy rate in the world.

•Meiji period and beyond

A squadron of US warships arrived in Uraga, Kanagawa Prefecture in 1853, demanding Japan open up to trade. The shogunate concluded a treaty with the United States in the following year, thereby ending over 200 years of seclusion. The Treaty of Amity and Commerce between Japan and the United States was also concluded in 1858. These treaties triggered the campaign that would ultimately lead to the defeat of the shogunate and give rise to the movement to modernize Japan. In 1867, the 15th shogun, Tokugawa Yoshinobu, transferred power back to the Imperial Court, thus ending about 260 years of rule under the Tokugawa shogunate. A new government was organized and the *gokajō no goseimon* (The Five-Articles of the Imperial Covenant) was promulgated as the basic policy in 1868. Edo's name was changed to Tokyo and the city became the capital of Japan, and thus began the Meiji period.

Under the Meiji government, the system of domains governed by feudal lords was abolished and prefectures were established as the administrative unit, and Western institutions such as public schools and postal systems were adopted. In 1889, the Constitution of the Empire of Japan was promulgated. Japan rapidly achieved modernization in a short span of time rarely witnessed before in world history.

Japan engaged in a number of major wars from the Meiji period through the Taisho and Showa periods: the Sino-Japanese War (1894), the Russo-Japanese War (1904), World War I (1914-18), and World War II (1941-45). However, Japan has pursued an era without war based on the three principles of popular sovereignty, respect for basic human rights, and pacifism (renunciation of war) in line with the Constitution of Japan that came into effect following World War II.

Japan still faces a number of problems such as a declining birth rate and aging population, and has been hit by a succession of natural disasters. On a brighter note, Japanese have become increasingly active on the international stage, with such notable examples as Nobel laureates in the humanities and sciences, plus many prominent figures in sports like soccer and baseball, arts such as music and painting, and various other fields, including medicine and history. The resilience demonstrated by the Japanese people in the wake of disasters such as major earthquakes has also left a positive impression on the world.

A key question now is, in what direction will Japan head going forward?

Unit 7 Experiencing traditional culture

Japan is a country where both traditional and modern culture congruously exist side by side—the cutoff between traditional and modern here being before and after the arrival of Western culture. In this unit, we'll take a look at some leading examples of traditional culture, and if you ever get the opportunity to experience these activities, be sure to give them a whirl. You might find that, despite differences in form, they share the same spirit of certain aspects of your native culture.

1. *Waka*, haiku and *senryū*

These are all short forms of poetry that are characterized by a set number of syllables. The act of composing these poems is referred to as *yomu*, which is written in *kanji* as 詠む.

Waka, also known as *tanka*, are made up of 31 syllables, divided into a 5-7-5-7-7 pattern, and are counted as *shu*, as in *isshu* (one poem) and *nishu* (two poems). *Man'yōshū*, whose poems were mostly written in the second half of the 7th century and the 8th century is the oldest existing anthology of Japanese poetry. One hundred *waka*, each by a different person, were selected from this collection for use in the traditional card game Hyakunin Isshu.

Haiku, often referred to as the world's smallest type of poetry, are 17-syllable compositions arranged in a 5-7-5 structure, and are counted with the word *ku*, as in *ikku* (one poem) and *niku* (two poems) An indispensable element of any haiku is the *kigo*, a word or phrase that expresses a particular season, and memorizing the various *kigo* associated with each season makes it easier to craft a haiku. However, don't expect to nail down all of them, as there are thousands meticulously divided into various categories—in fact, there are so many that you can find kigo reference books to aid your poetry writing.

Senryū follow the same syllabic blueprint as haiku but do not require a *kigo*.

It's estimated that there are around 300,000 *waka* poets and some 2 million haiku bards in Japan today, and both fandoms are still going strong. Most newspapers have a column for publishing poems composed by readers, and bookstores feature a large collection of works of and about traditional poetry. Also popular are regular events that invite the public to submit witty *senryū* on a particular theme, often some fun or bittersweet aspect of life.

2. *Gagaku* & the *Bon* dance

Gagaku, an ancient form of music using traditional Japanese instruments, can be heard at imperial ceremonies and is also occasionally performed for audiences in other countries. The Imperial Household Agency's *gagaku* heritage is included on Japan's roll of Important Intangible Cultural Properties.

The transmission of Buddhism to Japan in the 5th century and later was accompanied by an influx of dance and music traditions from the Asian continent, and these are thought to have coalesced into *gagaku* sometime around the 10th century. *Gagaku* is performed in sync with dancing, using a distinctive set of instruments comprising native flutes and zithers, foreign-born winds (such as *shō* mouth organs and *hichiriki* oboes) and strings (like *biwa* lutes), plus drums and other percussion pieces.

In contrast with *gagaku*'s artistic roots in imperial court life, the Bon dance emerged from the folk culture of rural communities. It originated as a Buddhist rite for welcoming the spirits of the departed during the *Obon* period, but today it has lost much of its religious character, transforming into a summer festival of sorts in many parts of Japan. Well-known examples include Tokushima Prefecture's Awa Dance Festival and the *Kaze no Bon* in Toyama Prefecture.

Bon dances are held to the accompaniment of instruments such as flutes, banjo-like *shamisen*, and drums. The musicians and dancers usually wear *yukata* robes or *happi* coats, but anyone can join in the fun, just wearing street clothes.

3. Kabuki

Developed sometime between the end of the Sengoku period and the start of the Edo period, Kabuki remains a highly popular traditional art that has many distinctive qualities in its stage, actors, and other elements. It has been designated as one of Japan's Important Intangible Cultural Properties.

The stage features a *mawari butai*, an embedded circular platform that rotates to facilitate quick scene changes, and a *hanamichi*, a walkway that projects into the audience. Seats near the *hanamichi* always sell out quickly since they give the occupants the added pleasure of seeing the actors and their expressions up close.

Kabuki is performed by male actors only. Actors who play female roles are called *onnagata*, and are often extolled as being more feminine than real women, displaying skilled replication of female behavior and speaking their lines in soft voices. The actors playing male roles sometimes wear makeup patterns called *kumadori* to accentuate their facial expressions. These stripes are red for the heroes and blue for villains, allowing the audience members—including those in the back of the theater—to immediately tell the good guys from the bad.

Most Kabuki performances consist of two or three plays and last around four hours, including intermission, so first-timers may want to stay for just one play. Ticket prices for a single play vary according to the work being staged, typically ranging from ¥800 to ¥2,000, which is considerably cheaper than the fee charged for the full show. Many theaters rent audio guides that provide commentary on the plot and the lines so that you can better understand the show.

Kabukiza Theater in Tokyo's Ginza district was originally built in 1889, but the current structure is a new construction from 2013. Sporting Japanese-style architecture, the playhouse includes a gallery displaying Kabuki-related exhibits.

4. *Nōgaku*

Noh and *Kyōgen* are collectively referred to as *nōgaku*, a term that came into use sometime after the start of the Meiji period. Before that, up through the Edo period, they were called *sarugaku*. Sangaku, a hodgepodge of popular entertainments such as magic tricks and acrobatics, was imported from Tang China during the Nara period and subsequently evolved into an impersonation-focused art in the Heian period, with the name changing to *sarugaku* ("monkey entertainment"), as a nod to monkeys' penchant for mimicry.

Later, in the Kamakura period, *sarugaku* shifted from light-hearted impersonation toward singing and dancing with a more serious tone, resulting in a split that gave rise to Noh (solemn dance theater) and *Kyōgen* (comic plays). Both forms of theater continue to be practiced today.

Noh is performed on a special roofed stage devoid of sets or other theatrical devices for indicating scene changes. The audience follows the story by interpreting the meaning of the actors' motions and the music played on instruments such as *ohayashi* flutes and drums.

The actors wear special masks and ornate robes. As with other masked theaters around the world, Noh uses masks to transform the actors into specific characters.

5. *Sadō/Cha-no-yu*

The word *sadō*, meaning the "way of tea," began to be used in the middle of the Edo period to express the rituals of preparing and serving tea. The tea ceremony was perfected by Sen no Rikyu (1522–1591), who started out as a merchant in Sakai, a city in today's Osaka Prefecture. Toyotomi Hideyoshi, the Sengoku period warlord who unified Japan, hired Rikyu to be his tea master and confidant for a hefty salary, perhaps motivated by the belief that the tea ceremony could have a calming effect on a nation emerging from many years of conflict and chaos. Since then, *sadō* has remained one of Japan's codes of etiquette.

The tea used is *matcha*, powdered green tea, and process of preparing tea is referred to as *ocha o toteru*. The host who prepares the tea and serves the guests is called the *teishu* or *shujin*, and the guests are called *kyaku*. The main guest sits closest to the host.

6. *Kadō/Ikebana*

Japan's changing seasons provide beautiful variances in natural scenery throughout the year. Since ancient times, the Japanese have used flower arrangements, *ikebana*, to encapsulate these delightful seasonal accents, developing the ornamental function of blossoms into a sublime art called *kadō*.

Kadō is practiced by many different schools, each with its own head (*iemoto*) and students. Though their styles and techniques may vary, the basic desire is the same—artistically capturing fleeting images of living plants and flowers. As flowers provide a mode of self-expression to the artist, *ikebana* attaches more weight to the spirit than to simple ornamental appearance.

In Japan, you'll find flower arrangements sitting in glass cases in crowded subway corridors, and floral displays in modern hotels' lobbies that look like a small scene carved out of nature. No matter where they're placed, these living forms of art bring solace to the hearts of all who behold them.

Unit 8 Modern culture and pop culture

1. The omnipresent smartphone

Cell phone conversations are prohibited on public transit in Japan, but many people silently hold on to their smartphones and other mobile devices while riding the train or bus—it's no exaggeration to say that more than half of all passengers are fidgeting with their digital device and staring at the screen. And, you'll see young people wearing earphones, often a sign that they're using their mobile gadget to listen to their favorite tunes or watch videos.

Among the various mobile devices available, smartphones in particular have been skyrocketing in number. According to one survey, the rate of smartphone usage in 2014 was 68.6% in the 10 to 19 age group, 94.1% for the 20s, 82.2% for the 30s, 72.9% for the 40s, 48.6 for the 50s, and 18.3% for the 60s, revealing that people in their 20s are especially likely to have a smartphone. The high ownership of 20-somethings reflects the fact that they—as young employees or college students with part-time jobs—have more freedom to buy the things they want, and that smartphones serve as an indispensable means of communication with their friends.

One of the reasons why smartphone usage has grown so much is the wide variety of functions offered, with downloadable apps providing all sorts of conveniences. App selections vary by individual, of course, but here are some of the more popular functions used.

- ☐ Downloading/playing music and videos
- ☐ Web browsing
- ☐ E-mail
- ☐ Phoning and video chat
- ☐ Clock (alarm)
- ☐ Navigation and looking up train connections
- ☐ SNS
- ☐ Games
- ☐ E-books
- ☐ Still/video image recording, playback, and editing
- ☐ Study tools for learning a language or gaining certification
- ☐ Personal organizer (calendar, address book, etc.)
- ☐ Online shopping

It's said that the number of people who read newspapers and books on the train has declined, but this doesn't mean that there are fewer readers—instead, it seems that commuters have increasingly switched from paper to smartphone as the medium for their reading material.

In ten years, the vast majority of people in all age groups will likely have smartphones. While future advances in technology may lead to the emergence of a new gadget that will take the place of the smartphone, for the time being users will continue to treasure their smartphone—so much so that some declare they could never let go of it, or say it's the thing they fear losing the most.

2. Japanese animation scores big with the world

Of the various elements of Japanese culture dubbed "Cool Japan," anime and manga in particular enjoy a strong following overseas. So, what are some of the works making a splash?

There are many websites in other countries that list the popularity rankings of Japanese animated films. Scan a few of these lists and you'll soon notice that works by Studio Ghibli consistently appear in the top echelon. For instance, director Hayao Miyazaki's globally renowned *Spirited Away*, the highest-grossing animated film in Japanese history, has earned accolades such as Best Animated Feature at the 75th Academy Awards and the Golden Bear at the 52nd Berlin International Film Festival. Studio Ghibli has churned out many other popular works as well, including *Howl's Moving Castle* and *Princess Mononoke*.

A more recent smash hit is *Your Name*, a 2016 release by director Makoto Shinkai that tells the tale of a big-city boy and a small-town girl who develop a supernatural connection. This film has opened in one country after another, drawing crowds wherever it goes.

All these works represent high-quality artistry delivering stories that can satisfy adult tastes as well.

Anime, manga, games, and other forms of media content stand alongside traditional arts like Kabuki and Noh as defining examples of Japanese culture, and are positioned as core elements of the Cool Japan initiative. And, they have become some of Japan's biggest exports, joining the league of automobiles and electronics. When foreign college students in Japan are asked why they came here to study, many cite this modern culture as part of their motivation, saying things like "The Japanese animation I saw back home brought me here" or "I wanted to meet Doraemon." In the years ahead, the popularity of Japanese animation, comics, and games will likely continue to soar in a world filled with Pokémon hunters.

3. Pop music, transcending borders everywhere

Often, animated films and games that become big hits also bring a surge in the popularity of their theme songs and the artists who sing them. Recently a growing number of people are buying those songs not on CDs but as downloads from online stores. Now that the Internet has made it easier for people to purchase and play music, many Japanese artists officially distribute their works through video websites. The old adage that music knows no borders is even truer today as Japanese music spreads around the world to the enjoyment of fans everywhere.

Unit 9 Enjoying sports

1. Sumo

Sumo is believed to have existed in Japan since at least the 8th century, based on references to it in the oldest chronicles of Japanese history, *Kojiki* (712) and *Nihon Shoki* (720). During the Nara period it became implanted as an imperial court ritual, and later was promoted by the warrior class from the Kamakura period through the Sengoku period. The Edo period saw the emergence of professional wrestlers as sumo became firmly established as a form of popular entertainment. In short, sumo is deeply ingrained in Japanese culture and is the de facto national sport.

Sumo is a battle between two wrestlers pitted together in a ring. In Japanese, the act of engaging in a bout is referred to as *sumō o toru*, while a match is called *torikumi*. When squaring off in the ring, wrestlers wear only a *mawashi* loincloth. A wrestler loses a bout if any part of his body other than his soles touches the ground, or if he is ejected from the ring. Some matches end in flash, while others may be an evenly contested grapple spanning several minutes. Unlike Western wrestling and boxing, sumo does not have different weight divisions, so a wrestler going up against an opponent with a weight advantage must rely on superior technique to win—and when a smaller contestant defeats a bigger one, the display of skill typically draws thunderous applause from the audience. There are as many 48 moves that can be used to win.

•Grand Sumo

The traditions of sumo as a form of entertainment developed in the Edo period are kept alive in "Grand Sumo," the professional circuit run by the Japan Sumo Association. The Kokugikan arena in Tokyo's Sumida Ward was expressly built to host Grand Sumo tournaments.

Six tournaments are held every year, three at Kokugikan in January, May, and September, and one each in Osaka (March), Nagoya (July), and Fukuoka (November). Every session lasts 15 days, and the wrestlers face off against a different adversary each day. Since there are six tournaments, wrestlers compete in the ring 90 days every year. In addition, there are road tours outside the grand tournaments. It might all be "just part of the job," but still, being a pro wrestler takes a lot of hard work.

Grand Sumo wrestlers wear their hair in topknot, or *mage*. The *mage* is a traditional hairstyle that was sported by many Japanese men up through the Edo period, but today sumo wrestlers are pretty much the only people you'll see wearing it.

Before a match begins, the two wrestlers toss salt into the ring to purify it and perform an ancient ritual of stamping their feet. Wrestlers in the top division—those in the *yokozuna*, *ōzeki*, *sekiwake*, *komusubi*, and *maegashira* ranks—are required to commence their bout within four minutes after stepping up to the ring. They use this short moment to psych themselves up so that they can unleash their full power on the opponent.

The matches are officiated by a referee who stands in the ring and holds a ceremonial fan used to signal the winner, and five judges sit around the ring.

Professional sumo has a large following of diehard fans and will likely remain popular for years to come as Japan's signature sport.

2. Love of baseball underscores devotion to the community

Japan has 12 professional baseball teams, evenly split between the Central League and the Pacific League. Both leagues schedule about 140 games for their annual pennant races. The two winners then square off for the national title in the Japan Series, which is broadcast over TV and radio and generates such a hubbub that you'd think everyone in Japan was a baseball nut.

Pro baseball is just as much a business as it is a sport—with players in the job of delivering an entertaining spectacle to the fans. This requires teamwork, the diligence to practice day after day, respect for the coaches and players who've put in years of service, commitment to preserving the team's honor, and so on, combining all the positive traits of Japanese society as a whole. In fact, the opportunity to experience these virtues by watching pro baseball may be the reason why this sport remains such a crowd puller in Japan despite the gradual changes in society.

Every pro team has its own home ballpark, and these are scattered across the country. For instance, the Seibu Lions' official name is Saitama Seibu Lions, and as this moniker suggests, their ballpark is located in Saitama. I reside in western Tokyo, so I sometimes go watch their games at Seibu Dome, which is conveniently located near a railway line. One nice way to beat the summer heat is to enjoy watching a night game with the family in a stadium cooled by the evening breeze.

Like pro baseball, high school baseball reveals fans' devotion to their community through their fiery support for the local team. In both spring and summer, the top high school teams of every prefecture gather at Koshien Stadium to slug it out in the national championships, cheered on by large contingents of hometown fans. For many of the people working in big cities like Tokyo and Osaka, the Koshien tournaments are about the only time of the year that they recall their roots as they cheer for their hometown team.

While baseball may be an American transplant, the word *yakyū* has become firmly entrenched in the Japanese vocabulary, reflecting the Japanese people's deep love for this sport.

3. Japanese athletes abroad, international athletes in Japan

A growing number of pro Japanese baseball players who were recruited out of high school and college are being signed up to play in America's Major League. Ichiro, famed for the records he has set in Japan and the US, is truly a world-class athlete in terms of both skill and popularity.

In addition to baseball, many Japanese pros and amateurs in soccer, tennis, figure skating, table tennis, and other sports have made wonderful achievements in international competitions.

At the same time, many sports in Japan now depend on the contributions of foreign-born athletes. For example, the corps of sumo includes many expat wrestlers, and it's no longer a rarity for them to ascend to the top rank of *yokozuna*. Surprisingly, the traditional top-knot hairstyle looks good on them, which may be considered proof that there are no borders in the world of sports.

Unit 10 The march of science and technology

1. Japan's science and technology policies

Japan's policies on science and technology are carried out in line with the Science and Technology Basic Plan. Compared with other countries, however, Japan does not set aside a very large budget for science and technology. The large funding gap is particularly noticeable when Japan is contrasted with science and technology powerhouses such as the US and China, and the size of this gulf has prompted concern that Japan could fall behind in the research race.

2. Innovation in science and technology

In general discussion of Japanese science and technology, attention tends to focus on the sort of R&D projects that earn Nobel Prizes or fields like advanced space engineering. However, there's much more to it—Japan's efforts in science and technology fuse the traditional spirit of craftsmanship with the constant pursuit of technological advances, fueling innovation by businesses and labs of all sizes.

Nearly all the Japanese businesses with a big name in other countries are major corporations, but many of Japan's smaller companies also develop and export world-class products, using their technical expertise to turn original ideas into products.

Ultra-fine hypodermic needles that eliminate the pain of injections and miniaturized endoscopic cameras that can be swallowed in capsules to visualize the inside of the body are just some of the products developed by Japan's smaller businesses and start-ups that are capturing shares of the global market.

And, other companies in all sorts of sectors continue to create new products that serve diverse needs around the world—perhaps many people have used or seen these products without ever knowing the manufacturers' names.

•3D printers

Until recently, the word "printer" signified a device for printing two-dimensional data on paper, but now the spotlight has turned toward "3D printers," systems that use three-dimensional data to process plastic or other materials into three-dimensional forms. This technology is being increasingly put use in diverse applications, such as production of anime character figurines for sale, or businesses' creation of product samples and promotional gifts. Events and workshops that provide hands-on experience in 3D printing have no shortage of crowds.

3D printers promise to play big roles in the years to come, most like starting with fields dealing with precision equipment and other expensive mechanical systems, where the printers could be used to manufacture prototypes for exploring new product designs. And, in architecture, they could be utilized to craft models of libraries, hospitals, arenas, arts facilities, and so forth for building design competitions, which would make it easier for the judges to rate the entries since the spatial representations would provide a better idea of how the actual building would appear. 3D models can also enable project presenters to explain their concepts in far more detail than would be possible with just two-dimensional diagrams and illustrations.

More than any other field, healthcare is where 3D printers can really show their stuff. For instance, printed models based on 3D images of diseased or injured regions can be used by doctors before surgery to study their options and explain the condition to the patients. In the future, 3D printing will likely serve an even wider range of clinical applications.

•Planetarium projectors

Probably everyone has experienced the thrill of seeing the stars displayed on domed ceiling by a planetarium projector. Goto Inc., a developer of various space-related products, created in 2014 the Chiron III, the world's first planetarium projector to reproduce in true color the some 9,500 stars visible to the naked eye. Many of the various models of this series have been installed at science museums and other locations around the world.

Goto, which developed Japan's first planetarium in 1959, has supplied more than 1,000 planetarium projectors, ranging from compact models to large-scale systems. In the years ahead, Goto's planetarium projectors, designed to beautifully recreate the night sky with scientific accuracy, will likely continue to sparkle above people around the world.

•Canned bread with a long shelf life

In earthquake-prone Japan, it's considered wise to stock up on emergency food for unpredictable disasters. For years, the mainstays of emergency food supplies were things like tooth-breaking hardtack and rice prepared by just adding hot water, but recently an alternative has been gaining a strong following— Pancan, canned bread developed by Pan Akimoto Co., Ltd. Before this product's advent, it was nigh impossible to make bread that would keep fresh for a long time. Pancan, however, still pops out of the can fresh and fluffy even up to 37 months after packaging. In addition to being used as emergency rations for disaster areas and as food aid in Japan's international cooperation efforts, this wonderful invention offers shut-in seniors the ability to enjoy soft bread anytime.

Unit 11 Things we can do to save the earth

1. Efforts to prevent global warming

Since the end of the past century the average temperatures of our planet's atmosphere and oceans have increased, resulting in the following effects.
(1) The arctic ice cap is melting.
(2) Coral is migrating toward the poles due to changes in the ecosystem.
(3) Sea levels are rising, leading to coastal erosion in some regions.

The rise in temperatures is believed to be caused by vehicle exhaust and other greenhouse gases released into the atmosphere. Seeking to tackle the problems posed by climate change, representatives of national governments around the world gathered in Kyoto In 1997 for the third Conference of Parties of the United Nations Framework Convention on Climate Change. After discussing issues such as how to reduce greenhouse gas emissions (particularly carbon dioxide), and the degree to which developed countries should decrease their emissions, the delegates adopted the Kyoto Protocol. As part of this agreement, Japan was tasked with lowering its emissions by 6% of the levels in 1990, during the period from 2008 to 2012, a target that was successfully achieved.

Nevertheless, the global mean temperature is expected to rise about 5°C by the end of this century, prompting concern that the world could suffer significant losses from this change.

2. Efforts to reduce greenhouse gas emissions

Steps for protecting the environment are being taken across all corners of Japanese society. For example, we can help reduce garbage and promote recycling by properly sorting our household waste into combustibles, non-combustibles, and recyclables, and by using reusable shopping bags for our purchases, rather than receiving disposable bags every time we shop. Some supermarkets and other stores have started charging for disposables in order to encourage customers to bring their own bags.

We can also conserve electricity by taking care not to open the refrigerator more than necessary, and by setting the thermostat to moderate levels. For their part, home appliance manufacturers constantly develop new products with better energy-saving features.

In addition, many municipalities are also taking action, such as using the waste heat from garbage incinerators to warm pools and other public facilities, and offering subsidies for installation of solar power systems. Public offices and some companies are actively the supporting the Cool Biz and Warm Biz campaigns, and the national government has lowered taxes on green vehicles. All told, the entire country is working in various ways to reduce greenhouse gas emissions.

3. What are the 3Rs?

The "3Rs" mentioned in the context of environmental protection stand for Reduce, Reuse, and Recycle.
 (1) Reduce: Decreasing the amount of garbage that results from the use of products.
 (2) Reuse: Finding new uses for products that have served their original purpose.
 (3) Recycle: Turning garbage into reusable resources.

Many businesses, recognizing the importance of the 3Rs, are striving to improve the environmental friendliness of their products to help Japan evolve into a zero-waste society. Leading examples of these efforts include the development of green vehicles and energy-saving appliances.

Increased emission of carbon dioxide and other greenhouse gases is the main factor behind global warming, and unless further action is taken, our planet is in danger of becoming uninhabitable for humans. The efforts of government, businesses, and individuals will become even more important in the coming years.

Let's preserve for eternity our beautiful water-covered planet!

Unit 12 Education and children

1. Steady decline in number of children

One of the problems facing Japan is demographics—how to halt the declining birthrate, growing proportion of elderly people, and shrinking population. Japan became prosperous in the wake of its rapid economic growth, but the population of young people, a key support of economic activity, continues to decline.

Japan's population is aging faster than that of any other country in the world, and the number of children under the age of 15 has reached its lowest level ever, after declining continually.

According to demographic statistics for 2016, the number of children declined to 16.05 million, down 150,000 from 2015. By gender, there were 400,000 more boys than girls: 8.22 million boys and 7.82 million girls.

A breakdown by age bracket reveals that the younger the age group, the lower the number of children, implying that the number of children attending elementary school and junior high school will continue to decrease over the next 15 years. Even from a global perspective, few countries are experiencing such a rapid decline in the number of children.

2. School system and educational curriculum

Japan's primary and secondary education system is comprised of national, public, and private schools, all of which fall under the School Education Act. The school system in Japan is currently based on a "6-3-3-4 system": six years of elementary school, three years of junior high school, three years of senior high school, and four years of university. The first nine years is considered compulsory education.

In addition, most families in Japan send their children to nursery school and kindergarten prior to compulsory education. As a result, children are taught to socialize at an early age and thus develop self-control and social skills.

•Education in elementary school

Children begin elementary school in April when they turn six. The main classes in elementary school are listed below in Table 1. Most subjects are taught by the homeroom teacher, but teachers with specialized training often provide instruction for subjects such as music and drawing. Foreign language activities (including English) have also been incorporated into the curriculum.

•Education in junior high school

The nine required subjects for junior high school are listed in Table 2 on the right, and time is also allotted for morals and comprehensive learning. The mandatory subjects are the same as in elementary school, but English has also been added.

A major difference from elementary school is that rather than one teacher for all lessons, subjects are taught by teachers with majors in their respective fields, so a different teacher leads the lessons for each hour.

3. Education aside from coursework

Most elementary school students look forward to

lunch, which is not only enjoyable but also a part of their educational training. Everyone has the same nutritious and balanced meal, and students learn the importance of helping each other as they take turns serving lunch and cleaning up after.

In addition to lunch duties, students also have cleaning chores. While students in most countries are not required to clean the school, it is an integral part of education in Japan. All students work to keep their classroom clean by doing chores such as sweeping the floor, polishing the windows, and wiping off desktops; this is viewed as being as important as study.

Elementary school students participate in some non-class club activities, but these extracurricular activities become more intensive in junior high school. There are physical education activities such as tennis, soccer, baseball, basketball, judo, kendo, and table tennis as well as cultural activities such as theater, brass band, chorus, calligraphy, tea ceremony, and photography. Practices are often held early in the morning before classes start and after school has finished. Emphasis is also placed on the relationship between *senpai* (seniors) and *kōhai* (juniors) as well as training to develop group behavior through team play. School life is structured to develop "Japanese who are polite and can act collectively."

Unit 13 Industrial structure and economy

1. Industrial structure of Japan

Let's look at Japan's industry according to Colin Clark's industrial classification.

Primary sector: agriculture, forestry, fisheries

Japan was once primarily an agricultural country with people working on farmlands, forests, and fishing grounds. Rice paddies were once seen everywhere throughout the country, but this scenery has become less ubiquitous following Japan's rapid economic growth.

Secondary sector: manufacturing, construction

The secondary sector came to dominate Japan's economy as a result of the period of rapid economic growth, and it was at that point that urban migration really started to take off.

Tertiary sector: information and communication, financial, transportation, retail, personal services, electricity, gas, and water

The share of the tertiary sector has been steadily expanding since the IT revolution. Utilities (electricity, gas, water), which are absolutely essential to daily life, are classified as tertiary sector industries.

2. Expansion of exports from the primary and secondary sectors

Japan's agriculture industry has been in decline since the 1960s, and as of 2009, only 20% of farmers were full-timers while 80% were part-timers. One factor that brought about the decline in agriculture was the change in Japanese diet, as bread displaced rice as the staple food. This led to a farmers becoming less focused on rice cultivation.

That being said, development and enhancement of special varieties of rice, referred to as *meigara mai* and *burando mai* (brand-name rice), that are especially delicious has fostered increased popularity both in Japan and abroad. National and local governments have also promoted exports of agricultural and fishery products other than rice such as green tea, apples, and various types of seafood. As the domestic market is shrinking from factors such as population aging and the declining birthrate, expansion of overseas sales channels may well be a new opportunity for Japan's primary sector.

While primary sector exports have recently begun to expand, for the secondary sector, exports were originally a major driving force. It is for this reason that the *taiheiyō beruto* (literally, Pacific Belt), a concentration of industrial complexes along the coastal areas, emerged. The biggest industrial complexes are the Keihin Industrial Zone (Tokyo, Yokohama), Chukyo Industrial Area (Aichi, Mie), and Hanshin Industrial Area (Osaka, Kobe). Industrial areas expanded into these regions because access to a large harbor can substantially reduce transportation costs when importing raw materials, such as petroleum and ore, and exporting finished products.

3. Globalization and the future of Japan's industries

According to labor force surveys conducted by the Statistics Bureau of the Ministry of Internal Affairs and Communications, the number of workers employed in the agriculture and forestry industries totaled around 16 million in 1955, and it has steadily declined every year since so that in 2010 the number of agricultural workers was nearly comparable to the number of civil servants. In contrast, the number of workers in the service sector has continued to expand each year.

Service industries that fall under the tertiary sector include academic research, professional and technical services, living-related services, entertainment, accommodations, food service, education, learning support, healthcare and welfare. Fueling the growth of these types of workers is the rising need for medical and welfare services stemming from the aging Japanese population and the spread of entertainment services in line with diversification of hobbies.

Another factor is expansion of tourism-related businesses such as accommodations and food services. The Japan National Tourism Organization announced that inbound visitors to Japan exceeded 20 million in 2016. Expectations are high for the economic benefits generated by this influx, and tourism-related services for foreign tourists will likely be further enhanced.

Implications to Japan's industry and economy going forward are not limited to the effect of the "hard" component of importing and exporting goods, such as agricultural, forestry and fishery products and manufactured products, but also include the "soft" component of human exchange as internationalization progresses.

4. Artificial intelligence and its impact on industry

According to research results announced by Nomura Research Institute in 2015, work that does not require specialized knowledge or skills and work that can be systematized through data analysis could be taken over by artificial intelligence and robots in the future.

Contemplating how Japan's industry will change in the future is both exciting and scary.

Unit 14 Government and the Constitution

1. Japan's constitution

While the Constitution of Japan governs the daily lives of Japan's citizenry, it is typically not given any more thought than the air they breathe or water they drink. That being said, it is the fundamental law of the land and the foundation for all laws and regulations, and as such, it dictates the status, rights, and obligations of the Japanese people and the basic policy of the state.

First, let's review the history of Japan's constitutional system. Japan had no constitution prior to the Edo period; at that time each clan established its own rules. In the Meiji era, when Japan abandoned its isolationist policy and opened up the country to the outside world, it became necessary to establish a constitution in line with that of other modern countries.

Datsu-a Nyū-ō, an ideology of leaving Asia and joining Western countries, emerged in those days and modernization flourished. The new government adopted politics, law, economics, the social system, scientific technology, and supporting concepts for these, from Western countries such as the UK, France, and Germany. The Prussian Constitution was adopted as the model for the Constitution of the Empire of Japan (Meiji Constitution). Here are some of its key features:

(1) The Emperor was the sovereign with authority to rule the country. The Emperor was determined based on blood lines, so it was not possible to change the sovereign even if the Emperor lacked sufficient power to rule the country.

(2) No separation of powers had been established as all legislative, administrative and judicial powers were vested in the Emperor.

(3) As commander-in-chief of the army and navy, the Emperor had authority over the military, including over troops, armaments, and war. Japan engaged in many wars from the Meiji period, but even if it was the military that actually decided on the wars, it was the Emperor that had the final say under the constitution.

(4) The Emperor was to some extent able to make laws and budget decisions without going through the Diet.

(5) The Emperor was also able to bypass the Diet and conclude treaties, declare and end wars, and declare martial law (mobilize the military for emergency situations).

After its defeat in World War II, Japan faced the need to establish a new constitution. The new Constitution of Japan was promulgated on November 3, 1946 and entered into force on May 3, 1947.

2. Separation of powers and the parliamentary cabinet system

The Constitution of Japan provides for the separation of powers into three branches: the National Diet, the Cabinet, and the Courts. The figure on the right illustrates the structure and shows a simplified division of roles.

Legislative power to enact laws is vested in the National Diet while the Cabinet has executive authority to manage national affairs and the Court has jurisdiction over interpreting application of law. In order to maintain their independence, the three branches avoid undue intervention into, and respect decisions and actions of, the other branches.

A parliamentary cabinet system has been adopted for politics under the Constitution of Japan. The National Diet nominates the Prime Minister from among Diet members while the Prime Minister appoints Ministers of State.

3. National Diet

The Japanese Diet is a bicameral parliamentary system consisting of two houses: the House of Representatives and the House of Councillors. In the Japanese bicameral system, the House of Representatives has more power than the House of Councillors.

The National Diet is the legislative body that decides important matters such as the national budget and laws. Bills that have been deliberated and passed by the House of Representatives are then sent to the House of Councillors for further review and voting.

The National Diet Building, in which Diet sessions are held, is located in Nagatacho, Chiyoda-ku Tokyo. The expression "in Nagatacho" is frequently used by the mass media to refer to the Diet and Diet members rather than the actual location itself (similar to the way "Washington" is used to refer to the US government).

4. Elections

All Diet members are elected by citizens as are the heads of prefectural and local governments and assembly members. They all face reelection, and election campaigns with candidates are held each term. The Public Offices Election Act stipulates that elections be held fairly, and candidates must make maximum effort to adhere to this law when running for office.

Unit 15 Aiming for a multicultural society

1. Foreigners living in Japan

The number of foreign residents living in Japan has been increasing each year and is on a rise as a percentage of the total population. According to the Ministry of Justice, 2,232,189 foreign nationals resided in Japan in 2015, accounting for 1.76% of the total population of 127.1 million (as of 1 October 2015). Given that this translates into nearly two foreigners for every 100 people, foreign nationals living in Japan has become a given.

When looking at a breakdown by prefecture, Tokyo accommodates the highest number of foreign residents at 462,732, while Akita Prefecture has the lowest concentration at 3,616. Essentially, there are more than 3,000 foreign residents in each of the 47 prefectures. By residency status, *eijūsha* (permanent residents) account for the largest group, representing 47% of the total, followed by *ryūgaku* (student visas), and then *ginō jisshū* (technical intern training) status.

2. Steadily rising inbound tourists

Among short-term-stay foreign nationals in Japan, there has been especially sharp growth in the number of inbound tourists. The following graph illustrates the dramatic increase in tourists visiting Japan since 2014.

In response to this expansion of inbound tourism, the Japanese government launched its *ōrujapan taisei* (all-Japan system) initiative. "All-Japan" refers to cooperation among government, businesses, and regions to make foreign tourists feel welcome. The number of tourist information centers accommodating foreign languages such as English, Chinese, and Korean will be increased in the hopes of facilitating a pleasant stay for visitors to Japan, and various other initiatives are being undertaken throughout Japan.

3. To achieve a multicultural society

As the number of both short-term and long-term foreign nationals residing in Japan grows, a society that mirrors the following ideals will likely be necessary for multicultural coexistence.

(1) All people living in Japan acknowledge their differences—such as nationality and culture, religion, and language—and can live together as equals.

(2) Information is readily available in multiple languages so that foreign nationals are not excluded due to an inability to understand Japanese.

(3) Mutual respect for people of different cultural backgrounds and languages without being required to become "Japanized" by adopting Japanese culture and learning to speak Japanese.

(4) Share cultural and linguistic diversity by living together with people of different cultural backgrounds and languages.

In March 2006, the Ministry of Internal Affairs and Communications' Council for the Promotion of Multicultural Coexistence issued a report,

Multicultural Coexistence Promotion Plan, in which it noted the need to provide community-based support to foreign residents. Of particular note was the need for local governments to establish communication with foreign nationals and to actively provide support in areas such as housing, education, medical treatment, health insurance, welfare, and disaster prevention.

A number of multiculturalism programs have emerged throughout Japan since the release of that report with slogans such as "Creating multicultural communities" and "Developing a multiculturalism promotion plan." Acceptance of foreign nationals while learning about each other's culture has become a movement. Though much easier to say than it is to actually implement, now that the movement has gotten underway, it must not stop, even if progress is slow.